INSTRUCTIONS GÉNÉRALES

ET

RÉPERTOIRE.

AVIS ESSENTIEL.

A dater du 1ᵉʳ Juin 1823, tous autres Répertoires, Catalogues et Supplémens sont supprimés. Messieurs les Correspondans voudront bien ne plus consulter que celui-ci.

INSTRUCTIONS GÉNÉRALES

CONTENANT

LES LOIS

RELATIVES A LA PROPRIÉTÉ DRAMATIQUE;

LES EXTRAITS

DES DÉLIBÉRATIONS DES COMITÉS;

LA LISTE GÉNÉRALE DES AUTEURS

QUI ONT DONNÉ LEURS POUVOIRS

A L'AGENCE DRAMATIQUE, RUE VIVIENNE, N° 17;

ET LE RÉPERTOIRE

DES AUTEURS VIVANS, ou MORTS DEPUIS MOINS DE DIX ANS.

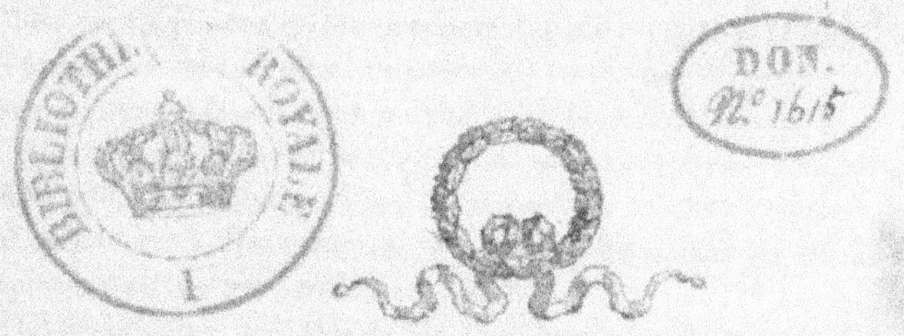

PARIS,

DAVID, IMPRIMEUR, RUE DU POT DE FER, N° 14, F. S.-G.

JUIN 1823.

INSTRUCTIONS GÉNÉRALES.

CHAPITRE PREMIER.

Copie en forme et littérale de toutes les Lois relatives aux Spectacles et à la Propriété des Auteurs.

§ 1ᵉʳ.

LOI (Nº 426) RELATIVE AUX SPECTACLES,

Donnée à Paris, le 19 Janvier 1791.

LOUIS, par la grâce de Dieu et par la Loi constitutionnelle de l'État, Roi des Français : A tous présens à venir ; salut.

L'Assemblée Nationale a décrété, et nous voulons et ordonnons ce qui suit :

Décret de l'Assemblée nationale du 13 Janvier 1791.

L'Assemblée Nationale, ouï le rapport de son Comité de Constitution, décrète ce qui suit :

Article Premier. Tout citoyen pourra élever un théâtre public, et y faire représenter des pièces de tous les genres, en faisant préalablement à l'établissement de son théâtre, sa déclaration à la Municipalité des lieux.

II. Les ouvrages des Auteurs morts depuis cinq ans et plus, sont une propriété publique, et peuvent, nonobstant tous anciens priviléges qui sont abolis, être représentés sur tous les théâtres indistinctement.

III. Les ouvrages des auteurs vivans ne pourront être représentés sur aucun théâtre public, dans toute l'étendue de la France, sans le consentement formel et par écrit des Auteurs, sous peine de confiscation du produit total des représentations au profit des Auteurs.

IV. La disposition de l'article III s'applique aux ouvrages déjà représentés, quels que soient les anciens Réglemens ; néanmoins les actes qui auraient été passés entre des Comédiens et des Auteurs vivans, ou des Auteurs morts depuis moins de cinq ans, seront exécutés.

V. Les héritiers ou les cessionnaires des Auteurs seront propriétaires de leurs ouvrages durant l'espace de cinq années après la mort de l'Auteur.

(*Nota.* Les articles VI et VII ne concernent que la police des spectacles.)

A Paris, le dix-neuvième jour du mois de Janvier, l'an de grâce mil sept cent quatre-vingt-onze, et de notre règne le dix-septième. *Signé* LOUIS. Et plus bas, M. L. F. DUPORT; et scellé du sceau de l'État.

§ 2.

EXTRAIT DU PROCÈS-VERBAL DE L'ASSEMBLÉE NATIONALE.

Du 19 Juillet 1791.

ARTICLE PREMIER. Conformément aux dispositions des articles III et IV du Décret du 13 janvier dernier, concernant les Spectacles; les ouvrages des Auteurs vivans, même ceux qui étaient représentés avant cette époque, soit qu'ils fussent ou non gravés ou imprimés, ne pourront être représentés sur aucun théâtre public, dans toute l'étendue du royaume, sans le consentement formel et par écrit des Auteurs, ou sans celui de leurs héritiers ou cessionnaires pour les ouvrages des Auteurs morts depuis moins de cinq ans, sous peine de confiscation du produit total des représentations au profit de l'Auteur ou de ses héritiers ou cessionnaires.

II. La convention entre les Auteurs et les Entrepreneurs de spectacles sera parfaitement libre, et les Officiers municipaux, ni aucuns autres fonctionnaires publics ne pourront taxer lesdits ouvrages, ni modérer, ni augmenter le prix convenu; et la rétribution des Auteurs, convenue entr'eux, ou leurs ayant-cause et les Entrepreneurs de spectacles, ne pourra être saisie ni arrêtée par les créanciers des Entrepreneurs de spectacles.

Collationné à l'original, par nous Secrétaires de l'Assemblée Nationale.

Paris, le 21 Juillet 1791.

Signé J. A. CREUZÉ LA TOUCHE, CHATEAUNEUF-RANDON, VADIER, DELAVIGNE.

§ 3.

DÉCRET (N° 1255) DE LA CONVENTION NATIONALE,

Du 19 Juillet 1793, l'an second de la République française,

Relatif aux Droits de Propriété des Auteurs d'écrits en tout genre, des Compositeurs de musique, des Peintres et des Dessinateurs.

La Convention Nationale, après avoir entendu son Comité d'Instruction publique, décrète ce qui suit :

ARTICLE PREMIER. Les Auteurs d'écrits en tout genre, les Compositeurs de musique, les Peintres et Dessinateurs qui feront graver des tableaux ou dessins, jouiront, durant leur vie entière, du droit exclusif de vendre, faire vendre et distribuer leurs ouvrages dans le territoire de la République, et d'en céder la propriété en tout ou en partie.

II. Leurs héritiers ou cessionnaires jouiront du même droit durant l'espace de dix ans après la mort des Auteurs.

III. Les Officiers de paix seront tenus de faire confisquer, à la réquisition et au profit des Auteurs, Compositeurs, Peintres ou Dessinateurs et autres, leurs héritiers ou cessionnaires, tous les exemplaires des éditions imprimées ou gravées sans la permission formelle et par écrit des Auteurs.

IV. Tout contrefacteur sera tenu de payer au véritable propriétaire une somme équivalente au prix de trois mille exemplaires de l'édition originale.

V. Tout débitant d'édition contrefaite, s'il n'est pas reconnu contrefacteur, sera tenu de payer au propriétaire une somme équivalente au prix de cinq cents exemplaires de l'édition originale.

VI. Tout citoyen qui mettra au jour un ouvrage, soit de littérature ou de gravure, dans quelque genre que ce soit, sera obligé d'en déposer deux exemplaires à la Bibliothèque nationale ou au Cabinet des estampes de la République, dont il recevra un reçu signé par le Bibliothécaire; faute de quoi il ne pourra être admis en justice pour la poursuite des contrefacteurs.

VII. Les héritiers de l'Auteur d'un ouvrage de littérature ou de toute autre production de l'esprit ou de génie qui appartienne aux beaux-arts, en auront la propriété exclusive pendant dix années.

Visé par l'Inspecteur. Signé S. E. Monnel.

Collationné à l'original, par nous Président et Secrétaires de la Convention Nationale. A Paris, le 24 Juillet 1793, l'an second de la Républiqu . Signé Jean-Bon-Saint-André, Président; Billaud-Varenne et R. T. Lindet, Secrétaires.

§ 4.

B. N°. 156. — D. N° 916.   LOI (N° 431)

Interprétative de celle du 19 juillet 1793 (vieux style), qui assure aux Auteurs et Artistes la propriété de leurs ouvrages.

Du 25 Prairial an troisième de la République française, une et indivisible.

La Convention Nationale, après avoir entendu le rapport de ses Comités de Législation et d'Instruction publique, sur plusieurs demandes en explication de l'article III de la loi du 19 juillet 1793, dont l'objet est d'assurer aux Auteurs et Artistes la propriété de leurs ouvrages, par des mesures répressives contre les contrefacteurs, décrète ce qui suit :

ARTICLE PREMIER. Les fonctions attribuées aux Officiers de paix, par l'article III de la loi du 19 juillet 1793 (v. st.) seront à l'avenir exercées par les Commissaires de police, et par les juges de paix, dans les lieux où il n'y a pas de commissaires de Police.

II. Le présent décret sera inséré au bulletin de correspondance.

Visé. Signé ENJUBAULT.

Collationné. Signé BRÉARD, ex-Président; BOURSAULT, GAMON, Secrétaires.

§ 5.

Loi du 1er septembre 1793, an 2 de la République française une et indivisible.

La Convention nationale, voulant assurer aux Auteurs dramatiques la propriété de leurs ouvrages, leur garantir les moyens d'en disposer avec une égale liberté, par la voie de l'impression et par celle de la représentation, et faire cesser à cet égard, entre les théâtres de Paris et ceux des départemens, une différence aussi abusive que contraire aux principes de l'égalité, décrète ce qui suit :

ARTICLE PREMIER. La Convention nationale rapporte la loi du 30 août 1792 relative aux ouvrages dramatiques.

II. Les lois des 13 janvier et 19 juillet 1791 et 1793 *leur sont appliquées* dans toutes leurs dispositions.

III. La police des spectacles continuera d'appartenir exclusivement aux municipalités. Les Entrepreneurs ou associés *seront tenus d'avoir un registre* sur lequel ils inscriront et *feront viser* par l'Officier de police de service, *à chaque représentation*, les pièces qui seront jouées, *pour constater* le nombre des r eprésentations de chacune.

§ 6.

(N° 143). DÉCRET IMPÉRIAL

Concernant les Droits des Propriétaires d'Ouvrages posthumes.

Au Palais des Tuileries, le 1er Germinal an 13.

NAPOLÉON, Empereur des Français;

Sur le rapport du Ministre de l'Intérieur;

Vu les lois sur les propriétés littéraires;

Considérant qu'elles déclarent propriétés publiques les ouvrages des Auteurs morts depuis plus de dix ans;

Que les dépositaires, acquéreurs, héritiers ou propriétaires des ouvrages posthumes d'Auteurs morts depuis plus de dix ans, hésitent à publier ces ouvrages, dans la crainte de s'en voir contester la propriété exclusive, et dans l'incertitude de la durée de cette propriété ;

Que l'ouvrage inédit est comme l'ouvrage qui n'existe pas, et que celui qui le publie a les droits de l'Auteur décédé, et doit en jouir pendant sa vie ;

Que cependant, s'il réimprimait en même temps et dans une seule édition, avec les œuvres posthumes, les ouvrages déjà publiés du même Auteur, il en résulterait en sa faveur une espèce de privilége pour la vente d'ouvrages devenus propriétés publiques ;

Le Conseil d'État entendu, Décrète,

Article premier. Les propriétaires, par succession ou à autre titre, d'un ouvrage posthume, ont les même droits que l'Auteur, et les dispositions des lois sur la propriété exclusive des Auteurs et sur sa durée, leur sont applicables : toutefois à la charge d'imprimer séparément les œuvres posthumes, et sans les joindre à une nouvelle édition des ouvrages déjà publiés et devenus propriété publique.

II. Le Grand-Juge Ministre de la Justice, et les Ministres de l'Intérieur et de la Police générale sont chargés, chacun en ce qui le concerne, de l'exécution du présent décret.

Signé NAPOLÉON.

Par l'Empereur :

Le Secrétaire d'État, signé H. B. Maret.

§ 7.

LETTRE DU MINISTRE DE L'INTÉRIEUR,

Adressée aux Administrations centrales, municipales, et aux Commissaires du Directoire exécutif près de ces Administrations.

Citoyens, le théâtre est une portion intéressante de la gloire littéraire de la Nation ; il offre un amusement utile ; il sert à l'instruction publique. Je m'en occuperai sous ce dernier point de vue ; mais aujourd'hui je dois vous parler de la reconnaissance que l'on doit aux écrivains qui le soutiennent, et des moyens de réprimer le tort que leur fait l'ingratitude de quelques Entrepreneurs de spectacles.

Les Auteurs dramatiques ne cessent de m'adresser des réclamations sur l'étonnante légèreté avec laquelle plusieurs de ces Entrepreneurs de spectacles se permettent de représenter les ouvrages des Auteurs vivans, sans avoir obtenu leur consentement, et sans acquitter la rétribution connue sous le nom de part d'auteur.

C'est en vain que leurs fondés de procuration dans les départemens somment juridiquement ces Entrepreneurs de suspendre les représentations. Au mépris de ces sommations, au mépris des lois qui les autorisent, ces pièces restent dans leur répertoire, et continuent d'être jouées sur leurs théâtres.

Je suis informé que quelques autres, surtout dans la commune de Paris, ne font que changer le titre des pièces, et trouvent ainsi moyen de se soustraire à la loi.

D'autres encore se permettent de morceler les Opéra, d'en supprimer les paroles ou la musique, et de les faire représenter en pantomimes ou en comédies; abus qui n'est ni moins répréhensible ni moins attentatoire à la propriété, tant des Auteurs que des Compositeurs de musique.

Cependant, Citoyens, les propriétés littéraires et musicales sont toujours le fruit des longues études, des méditations et des veilles d'une classe de citoyens qui souvent ne possèdent d'autre richesse que celle qu'ils ont ainsi tirée de leur propre fonds. Ces propriétés sont donc aussi sacrées que toutes les autres; elles sont également protégées et garanties par les lois. Il est de mon devoir, il est du vôtre, de ne rien négliger pour prévenir ces abus et pour assurer aux Auteurs dramatiques l'usufruit légitime d'une propriété aussi incontestable.

L'article III de la loi du 13 janvier 1791 est conçu en ces termes :

Les ouvrages des Auteurs vivans ne pourront être représentés sur aucun théâtre public, dans toute l'étendue de la France, sans le consentement formel et par écrit des Auteurs, sous peine de confiscation du produit total des représentations, au profit des Auteurs.

La loi du 19 juillet 1893 donne aux Auteurs *le droit exclusif de vendre, faire vendre et distribuer leurs ouvrages, et d'en céder la propriété en tout ou en partie; transporte à leurs héritiers ou cessionnaires la jouissance du même droit durant l'espace de dix ans après la mort des Auteurs; et impose aux Officiers de paix l'obligation de faire confisquer, à la réquisition et au profit des Auteurs,* dans les cas prévus d'atteinte à leurs propriétés.

Enfin la loi du 25 prairial an 3 porte, article Ier : *Les fonctions attribuées aux Officiers de paix, par l'article III de la loi du 19 juillet 1793 (v. st.) seront à l'avenir exercées par les Commissaires de police, et par les Juges de paix dans les lieux où il n'y a pas de Commissaires de police.*

Ces lois sont claires et précises; et je les rapporte ici pour fixer l'incertitude de ceux d'entre vous qui ne se croiraient pas suffisamment autorisés à protéger avec fermeté les propriétés des Auteurs dramatiques.

Il est constant que depuis long-temps plusieurs Entrepreneurs de spectacles parviennent à les éluder. Dans de semblables circonstances, lorsque les moyens de la justice ordinaire sont impuissans pour assurer la stricte exécution des lois, c'est au Gouvernement à employer l'autorité dont il est investi. Bien déterminé à ne rien négliger pour les faire exécuter, je vais vous tracer la marche que vous devez suivre à l'avenir.

1° En vertu des lois que j'ai citées, vous exigerez des Entrepreneurs de spectacles, qui se trouveront dans votre commune, qu'ils vous représentent un consentement formel et par écrit pour représentation des pièces d'Auteurs vivans placées dans leur répertoire; et vous interdirez expressémen toutes celles de la concession desquelles ils ne pourront vous justifier.

2° Toutes les fois que les Auteurs ou leurs fondés de procuration vous dénonceront une violation de la loi et des engagemens pris avec eux, vous interdirez la représentation; et s'il arrivait que les Entrepreneurs, au mépris de ces défenses, osassent jouer les pièces que vous auriez désignées, vous séviriez alors contre eux par tous les moyens que la loi a mis dans les mains des Administrations municipales : et vous auriez soin de prendre toutes les mesures nécessaires pour que les recettes pussent être matériellement saisies dans les mains du receveur même du spectacle, et déposées dans celles d'un notaire, ou de tout autre Officier public à votre choix.

Mais c'est aux Officiers de police, ou à leur défaut aux Juges de paix, qu'il appartient de procéder à la confiscation. Comme je sais que (soit par négligence, soit par une fausse interprétation des lois), plusieurs Officiers publics ont refusé de prêter leur ministère aux fondés de pouvoirs des Auteurs, je vais me concerter avec le Ministre de la Justice, pour qu'il leur enjoigne de remplir à cet égard le vœu de la loi, à la première réquisition soit du Commissaire du Directoire exécutif près l'Administration municipale, soit des Auteurs, de leurs héritiers, cessionnaires ou fondés de pouvoir.

J'espère, Citoyens, que l'énoncé de ces mesures de *rigueur* auxquelles force de recourir l'imprudente obstination de la plupart des Entrepreneurs de spectacles, suffira seul pour les ramener à des sentimens plus équitables envers des hommes au soutien desquels l'existence de ces Entrepreneurs et celle de leurs acteurs est si intimement liée.

Les Administrations centrales veilleront à l'exécution de ces dispositions dans toutes les communes de leur arrondissement où il y a spectacle public.

FRANÇOIS DE NEUFCHATEAU.

§ 8.

Extrait d'une Circulaire de Son Excellence le Ministre de l'Intérieur à MM. les Préfets, en date du 12 octobre 1812, relative aux Propriétés Dramatiques, et motifs qui l'ont provoquée.

Plusieurs Directeurs de spectacles ont voulu élever des difficultés relativement aux droits d'Auteurs. Les uns ont prétendu contester aux Auteurs Dramatiques le droit de fixer le tarif de leurs ouvrages, et se refuser à des augmentations que les circonstances ou les localités rendaient justes. Les autres, après avoir obtenu de la générosité des Auteurs, une diminution momentanée, n'ont pas voulu subir le rétablissement du tarif, lorsque les Auteurs ont jugé convenable de le faire; d'autres enfin, feignant de méconnaître les lois et les réglemens sur les Propriétés Dramatiques, ont voulu assimiler à des billets de faveur, les billets d'Auteurs qui sont accordés de droit aux Correspondans, ainsi que leur entrée personnelle.

Il était temps de faire cesser des prétentions aussi ridicules; en conséquence, les Auteurs Dramatiques ont adressé à Son Excellence le Ministre de l'Intérieur, un Mémoire dans lequel ils invoquent l'exécution des lois sur les Propriétés Dramatiques, dont voici les principales dispositions; savoir:

L'article 3 de la loi du 13 janvier 1791, ainsi conçu:

» *Les ouvrages des Auteurs vivans ne pourront être représentés sur* »*aucun théâtre public, sans le consentement formel et par écrit des* » *Auteurs, sous peine de confiscation du produit total des représentations,* »*au profit des Auteurs.*

L'article 2 de la loi du 19 juillet de la même année:

» *La convention, entre les Auteurs et Entrepreneurs de spectacles,* »*sera parfaitement libre, et les Officiers municipaux, ni aucun autre* »*fonctionnaire public ne pourront taxer les ouvrages dramatiques, ni* »*modérer, ni augmenter le prix convenu.*

La loi du 19 juillet 1793, donne aux Auteurs

» *Le droit de vendre, fait vendre et distribuer leurs ouvrages, et d'en* »*céder la propriété en tout ou en partie; elle impose aux Officiers de paix* »*l'obligation de faire confisquer, à la réquisition et au profit des Auteurs,* »*le produit total des représentations, en exécution de la loi du 13 janvier* »*1791.*

Enfin le décret impérial du 8 juin 1806, confirmatif de ces dispositions, porte:

Art. 10. » *Les Auteurs et les Entrepreneurs seront libres de déterminer* » *entr'eux, par des conventions mutuelles, les rétributions dues aux pre-* » *miers, par sommes fixes ou autrement.*

Art. 11. Les autorités locales veilleront strictement a l'exécution des » conventions passées entre les Auteurs et les Entrepreneurs.

Art. 12. » *Les propriétaires d'Ouvrages Dramatiques posthumes, ont* » *les mêmes droits que l'Auteur, et les dispositions sur la propriété des* » *Auteurs et sur sa durée leur sont applicables, ainsi qu'il est dit au* » *décret du premier germinal an 13.*

Son Excellence le Ministre de l'Intérieur, convaincu que ces réclamations étaient fondées, et voulant faire respecter les lois dont l'exécution lui est confiée, a donné dans cette circonstance à MM. les Auteurs une nouvelle preuve de sa justice et de la protection spéciale que S. M. l'Empereur accorde aux Lettres et à ceux qui les cultivent, en adressant à MM. les Préfets une circulaire, en date du 12 octobre 1812, dans laquelle il leur rappelle les principales dispositions des lois sur les Propriétés Dramatiques.

» *Ces dispositions sont claires et précises,* ajoute Son Excellence; *vous* » *voudrez bien les faire connaître à MM. les Maires, pour qu'ils en sur-* » *veillent la stricte exécution, conformément à l'article 11 du décret* » *impérial du 8 juin 1806.*

» *Si les Entrepreneurs de spectacles se permettaient de jouer des pièces* » *sans le consentement des Auteurs, ou refusaient de payer la rétribu-* » *tion, suivant le tarif qu'ils ont établi, MM. les Maires devront ordonner* » *que la recette du spectacle soit saisie dans les mains même du receveur,* » *et déposée provisoirement chez un notaire ou tout autre officier public;* » *le versement à la Caisse d'Amortissement devant avoir lieu, après* » *trois mois, si à cette époque le dépôt n'avait pas été retiré.*

» Il est entendu que le droit d'entrée au spectacle et les billets que » se réservent les Auteurs, pour eux ou leurs fondés de pouvoirs, font » partie du prix qu'ils ont droit d'exiger des entrepreneurs qui veulent » représenter leurs ouvrages, et qu'en conséquence on ne peut, *sous aucun* » *prétexte,* leur en refuser la jouissance. »

Son Excellence a daigné faire part de cette circulaire à l'Agent général des Auteurs Dramatiques, en lui adressant la lettre suivante :

Paris, le 24 octobre 1812.

Le Ministre de l'Intérieur, Comte de l'Empire,

A M. SAUVAN,

FONDÉ DE POUVOIRS DES AUTEURS DRAMATIQUES.

MONSIEUR,

« J'ai reçu la lettre que vous m'avez adressée, au nom et comme Fondé
» de pouvoirs de plusieurs Auteurs Dramatiques, au sujet des difficultés
» que faisaient les Entrepreneurs de théâtres dans les départemens, d'ac-
» quitter les droits et part de ces Auteurs ; plusieurs plaintes me sont
» également parvenues de la part des Auteurs eux-mêmes ou de leurs
» représentans.

» Ces réclamations m'ont paru fondées ; en conséquence, je viens de
» rappeler à MM. les Préfets, par une circulaire, en date du 12 de ce
» mois, les divers articles des Lois qui garantissent les propriétés litté-
» raires. Je leur indique en même temps les moyens dont ils devront faire
» usage pour assurer la perception des droits des Auteurs Dramatiques,
» toutes les fois que les Directeurs des théâtres se refuseront à les acquitter.

» Je pense que l'exécution de ces mesures atteindra le but que je me suis
» proposé, et que les difficultés dont se plaignaient justement MM. les
» Auteurs ne se renouvelleront plus.

Recevez, Monsieur, l'assurance de mes sentimens.

Signé MONTALIVET.

CHAPITRE II.

Extraits des délibérations des Comités, Réglemens de l'Agence et Dispositions d'ordre.

ARTICLE PREMIER.

Le Comité des Auteurs a arrêté que les ouvrages Dramatiques seront divisés en quatre classes ;

SAVOIR :

PREMIÈRE CLASSE.

1°. *Les Tragédies en 3, 4 et 5 actes.*
2°. *Les Comédies, les Drames en 4 et 5 actes.*
3°. *Les Opéra, les Vaudevilles en 3, 4 et 5 actes.*
4°. *Les Mélodrames, les Ballets, les Pantomimes et Pièces à Spectacle, en 3, 4 et 5 actes.*

SECONDE CLASSE.

1°. *Les Comédies, les Drames en 3 actes.*
2°. *Les Opéra, les Vaudevilles en 2 actes.*
3°. *Les Mélodrames, les Ballets, les Pantomimes en 2 actes.*

TROISIÈME CLASSE.

1°. *Les Comédies en 2 actes.*
2°. *Les Opéra, les Vaudevilles en 1 acte.*
3°. *Les Mélodrames, les Ballets, les Pantomimes en 1 acte.*

QUATRIÈME CLASSE.

Les Comédies en 1 acte.

ART. II.

Le droit des auteurs à percevoir pour ces différentes classes, varie, suivant l'ordre de la ville où les pièces sont représentées, ou suivant le tarif fixé pour ladite ville.

La ville de   étant du   ordre, le tarif est fixé, par le comité des Auteurs, comme il suit ;

SAVOIR :

Pour les ouvrages de première classe . . . .
Pour les ouvrages de deuxième classe . . . .
Pour les ouvrages de troisième classe . . . .
Pour les ouvrages de quatrième classe . . . .

Et moitié en sus pendant les   premières représentations.

ART. III.

Les fonctions du Correspondant consistent à toucher chaque soir le montant du droit dû pour les ouvrages qui ont été représentés dans la soirée, d'après le taux fixé par le tarif ci-dessus, et suivant la classe desdits ouvrages.

Les jours même où la recette n'a pas couvert la totalité des frais, la rétribution n'en doit pas moins être perçue; car il se fera un autre jour une recette plus considérable, qui établira une juste compensation, et il faut qu'une recette soit bien mince, pour que la part, toujours si médiocre, exigée par les Auteurs, ne puisse pas en être distraite. Cependant, s'il arrivait qu'un jour elle se trouvât de beaucoup inférieure aux frais, le Correspondant pourrait ajourner la perception du droit d'Auteur jusqu'à la première recette qui surpasserait la dépense journalière, pourvu que cet ajournement n'allât pas plus loin que le dimanche suivant ou le premier abonnement suspendu.

ART. IV.

Le tarif fixé par le comité des Auteurs pour chaque ville de France, doit être maintenu rigoureusement, sans que les Correspondans puissent y rien changer, sous quelque prétexte que ce soit. Lorsque les circonstances exigeront quelque modification dans le tarif d'une ville, le Correspondant en instruira le Comité, qui prendra de suite à cet égard une délibération, à laquelle le Correspondant sera tenu de se conformer, sous peine de toute responsabilité.

ART. V.

Les Auteurs ont arrêté que les Correspondans adresseraient à l'Agence générale, à la fin de chaque mois, pour les villes du premier, deuxième et troisième ordre, et à la fin de chaque trimestre pour les villes du quatrième et cinquième ordre, l'état des représentations données sur les théâtres desdites villes.

En conséquence, la ville de   étant du   ordre, le Correspondant voudra bien adresser à M. Jules Michel, Délégué et Caissier de l'Agence, à la fin de chaque   l'état des représentations données pendant ledit   ainsi que le montant de la recette, avec indication de la voie qu'il aura employée pour lui faire parvenir les fonds.

ART. VI.

Les Auteurs, réunis en assemblée générale le 8 février 1819, ont arrêté que le contrôle ne serait plus exercé désormais par une personne étrangère, mais par les Auteurs eux-mêmes, représentés par les membres du Comité près l'Agence.

Aux termes de ces dispositions, extraites du registre des délibérations, chaque Correspondant doit donc expédier directement par le même courrier, porteur des feuilles de dépouillement, à *M. Chérubini, Chevalier de la Légion-d'Honneur et de Saint-Michel, rue du faubourg Poissonnière, n° 19*, les petits tableaux d'avis des états envoyés à M. Jules *Michel.*

ART. VII.

A l'égard de l'envoi des fonds à Paris, il peut être fait de quatre manières différentes, 1°. le chargement à la poste; 2°. les messageries; 3°. les traites à vue ou à courte échéance sur de bonnes maisons; 4° les bons sur la Caisse de service.

La première est sûre mais dispendieuse; elle ne doit être préférée qu'à défaut des autres.

Il faut pour choisir la seconde, que la route soit sûre, la commune peu éloignée de Paris, comme 25 myriamètres au plus, et que la somme en vaille la peine, comme 500 francs et au-dessus, toute somme inférieure à 400 francs payant par les messageries autant que si elle était de 400 francs.

Les traites sur Paris sont avantageuses, parce qu'elles ne coûtent rien ou peu de chose; mais il faut trouver du papier solide, et s'assurer surtout de la solvabilité du banquier ou du négociant de qui on le reçoit. Dans toutes les villes qui ont des relations commerciales avec Paris, les Correspondans feront très-bien de chercher d'avance quelque maison estimée dans le commerce pour s'y adresser au besoin.

La voie la plus sûre, la plus économique, par conséquent celle qu'il faut préférer, est la Caisse de service. C'est donc jusqu'à nouvel ordre, à ce dernier moyen que MM. les Correspondans devront se fixer, toutes les fois qu'ils auront la possibilité d'en faire usage.

ART. VIII.

L'*Agence générale* ne pouvant, *sous aucun prétexte*, tirer de mandats ou lettres de change, *par anticipation*, sur les correspondans des départemens, ceux-ci demeurent responsables de tout payement fait en contravention à cet article.

ART. IX.

Chaque état doit être signé par le Correspondant, par le Directeur, et certifié par l'Officier public chargé de la police du théâtre. Cette formalité, rigoureusement exigée par MM. les Auteurs, est d'autant plus essentielle, que les comédiens de Paris, à leur retour des départemens, exagèrent quelquefois les représentations qu'ils ont données dans les villes qu'ils ont parcourues. TOUT ÉTAT NON REVÊTU DE CES TROIS SIGNATURES SERA RENVOYÉ AU CORRESPONDANT.

ART. X.

En l'absence du Directeur, et seulement dans ce cas, MM. les Correspondans requerront pour leurs états, la signature du Régisseur; mais le Comité exige absolument l'une ou l'autre. Son principal motif en insistant sur cette mesure, est de mettre messieurs les Correspondans à même de vérifier, par la comparaison de leurs états avec les registres que doivent tenir les Directeurs et Régisseurs (aux termes de l'Art. III de la loi du 1ᵉʳ. septembre 1793, rapportée ci-dessus Chap. Iᵉʳ. §. 5.) si les changemens qui surviennent quelquefois dans le spectacle, et dont l'affiche ne les aurait pas instruits, n'ont pas opéré quelque différence au désavantage des Auteurs. En un mot, loin que l'intention du Comité ait été de soumettre ses Correspondans à la juridiction ou à la censure des directeurs, il a voulu au contraire que ce *visa* fût regardé de la part de ceux-ci, comme une attestation formelle qui prouvât qu'ils n'ont pas éludé le paiement des droits dûs, déguisé ou falsifié le titre des ouvrages; enfin le Comité a voulu que ce *visa* devînt un titre sans réplique pour réclamer les droits qui n'auraient pas été perçus lors de la représentation, sous quelque prétexte que ce soit.

ART. XI.

Messieurs les Correspondans sont instamment priés de faire leurs états (à défauts d'imprimés) dans la forme voulue et indiquée dans les feuilles imprimées. Ils voudront bien y porter *exactement, sans lacune ou omission,* LA TOTALITÉ des pièces qui auront composé chacune des représentations jouées sur le théâtre de leur ville, *soit qu'elles aient ou non donné lieu à des droits.* Ils indiqueront avec la même exactitude le nom des Auteurs (morts ou vivans), et le genre des pièces; car souvent il existe sous le même titre un opéra, un drame, un ballet, témoin *le Déserteur, l'Enfant Prodigue,* etc., et faute de cette énonciation précise, la répartition devient ou imposible ou arbitraire.

Ils voudront bien inscrire exactement les jours de relâche, et rappeler toujours en tête de chaque feuille, le tarif de leur ville, à la place indiquée. Enfin, dans les villes où l'on perçoit le demi-droit en sus pendant un certain nombre de représentations des pièces nouvelles , ils n'oublieront pas de marquer le quantième de chacune des représentations soumises à cette augmentation, appelée *cathégorie.*

ART. XII.

A défaut de spectacle, les Auteurs exigent qu'il soit adressé des certificats négatifs à l'Agence générale; mais comme cette mesure entraînerait beaucoup de frais, il suffira d'inscrire, en tête des états des représentations données dans une ville, le temps où elle aura été sans spectacle.

ART. XIII.

Dans les villes où il y a plusieurs théâtres, la cathégorie des pièce nouvelles, qui est relative à chaque théâtre, ne peut se transporter de l'un à l'autre, quand même l'ouvrage nouveau serait joué sur différens théâtres par la même troupe. Ainsi un nouvel ouvrage, joué vingt fois sur un théâtre, doit payer le demi-droit en sus pour la vingt-unième représention, si elle était donnée sur un autre théâtre ; car alors elle est censée la première à ce dernier théâtre.

ART. XIV.

Lorsque le titre de la pièce annoncée est inconnu au Correspondant, il serait bon qu'il pût la voir jouer, pour tâcher de reconnaître si, sous un titre déguisé, ce n'est pas une des pièces de sa compétence. En général, toutes les fois qu'une pièce, qui n'est pas d'un Auteur mort, ne se trouve ni sur ses listes, ni sur celles du Correspondant de M. Prin, l'Entrepreneur doit justifier à qui elle appartient, et en produire le manuscrit ou l'imprimé. S'il prétend avoir acheté cette pièce à forfait, il est expressément tenu de produire l'acte de cession signé de l'Auteur et revêtu de formes authentiques ; sans quoi le droit doit être payé *irrémissiblement*. Dans aucun cas MM. les Correspondans ne doivent souffrir qu'une pièce sujette au droit, soit représentée sans que ce droit soit versé dans leurs mains, dans celles du Correspondant de M. Prin, ou à défaut de pouvoir, déposée provisoirement, comme on le verra dans l'article ci-dessous. Ceci est de rigueur absolue.

ART. XV.

Lorsqu'il paraît à Paris une pièce d'un auteur nouveau, dont le succès est assez grand pour qu'elle soit montée de suite dans les départemens, ou peut être assuré d'avance que l'Auteur chargera l'un des deux fondés de pouvoirs à Paris d'en percevoir les émolumens ; mais comme il se passe toujours un certain temps avant que cet Auteur ait fait un choix ; comme, après même qu'il l'a fait, il y a toujours un assez long intervalle avant qu'il ait passé par dev ant notaire une procuration qu'on diffère quelquefois pour y réunir plusieurs noms et diminuer les frais ; comme enfin le temps d'en faire imprimer l'annonce, ou d'adresser une circulaire à près de deux cents villes, entraîne des délais plus longs encore : si, pendant ce temps, la pièce est jouée plusieurs fois, et qu'aucun des Correspondans n'en réclame le prix, les intérêts de l'Auteur en souffrent nécessairement ; et lorsqu'on en fait ensuite la réclamation tardive, elle peut être sans effet, comme cela est arrivé dans plusieurs villes.

Pour remédier à cet inconvénient, MM. les Correspondans voudront bien exiger *préalablement et jusqu'à ce que l'Auteur se soit fait connaître, que le prix de la pièce* (en raison de sa classe qu'il est facile de déterminer par le nombre d'actes) *soit déposé en main sûre*. Dans le cas où le Directeur s'y refuserait, il doit y être contraint par le Commissaire de police, qui ne ferait en cela que se conformer à la loi par laquelle il est interdit de représenter aucune pièce d'Auteur vivant *sans sa permission formelle et par écrit*. La somme ainsi déposée sera délivrée ultérieurement sur l'ordre de ce Commissaire, à celui des deux Correspondans qui justifiera d'un pouvoir de l'Auteur.

ART. XVI.

Le Correspondant des Auteurs près le théâtre d'une ville doit s'opposer de tout son pouvoir à ce que le Directeur se permette de changer le titre des pièces, de morceler et dénaturer les Opéra, soit en réduisant le nombre d'actes qu'ils comportent, soit en supprimant les paroles ou la musique, et de les faire jouer en Comédies ou en Pantomimes; abus qui est attentatoire à la propriété des Auteurs et des Compositeurs de musique.

ART. XVII.

Quelquefois des troupes ambulantes, pour se trouver moins gênées dans la composition de leur répertoire, ont proposé des abonnemens au moyen desquels, en payant une somme fixe parmois, elles seraient maîtresse de jouer toutes les pièces qu'il leur plairait. CET ARRANGEMENT NE PEUT CONVENIR SOUS AUCUN RAPPORT AUX AUTEURS, qui s'y sont constamment refusés. Les Correspondans des départemens ne doivent souscrire à aucun de ces abonnemens, puisqu'ils sont toujours préjudiciables aux intérêts des Auteurs.

ART. XVIII.

L'expérience a prouvé que les traités *par écrit* faits avec les Entrepreneurs de spectacles, n'ont aucun avantage, et présentent beaucoup d'inconvéniens. IL EST DONC EXPRESSÉMENT DÉFENDU AUX AGENS DES DÉPARTEMENS D'EN SOUSCRIRE AUCUN. Quand il n'existe pas de traité par écrit, l'Entrepreneur du spectacle ne peut justifier de la permission exigée par la loi; en conséquence, le Correspondant des Auteurs a le droit de faire saisir la recette à la première infraction.

ART. XIX.

Le premier devoir du substitué au pouvoir des Auteurs est de se faire connaître pour tel aux Autorités compétentes. Il trouvera, sans doute, auprès de ces magistrats la protection et l'appui dont il a besoin. Dans le cas contraire, qui ne peut guère se présumer, le substitué doit prendre acte du refus et l'expédier de suite à l'Agence générale, qui en référera à l'Autorité supérieure, afin d'obtenir justice. Le Correspondant des Auteurs doit communiquer aux Autorités de sa ville toutes les pièces relatives à sa gestion, et leur justifier de ses pouvoirs.

ART. XX.

C'est au chef de l'entreprise théâtrale que MM. les Correspondans des départemens doivent s'adresser pour le paiement des droits d'Auteurs ; mais s'il refusait ou éludait de se conformer aux lois relatives à la propriété dramatique, c'est à l'Autorité que les Correspondans doivent en référer pour, de concert avec elle, suspendre la représentation des pièces des Auteurs dont ils stipulent les intérêts, et saisir le montant de la recette, aux termes de la loi. On ne peut se refuser à cette mesure sous prétexte de priver la ville de spectacle ; car, outre que rien ne peut justifier la non-observation des lois et la violation des propriétés, les Auteurs ne pouvant interdire que leur répertoire particulier, il resterait encore à l'Entrepreneur la faculté de jouer les pièces des Auteurs morts depuis plus de dix ans, et malheureusement cette mine devient chaque jour plus belle à exploiter. En tout cas, cette ressource suffirait pour donner le temps de régler les points en contestation.

ART. XXI.

Pour que les mesures que l'on sera obligé de prendre contre les Directeurs de spectacles soient efficaces, on sent qu'il est indispensable qu'elles soient prises de concert entre les deux préposés des deux Agences Dramatiques, qui doivent s'entendre, dans toutes leurs opérations, pour les intérêts respectifs de leurs commettans.

ART. XXII.

Il est de l'intérêt des Auteurs, de leurs Agens et des Entrepreneurs de spectacles eux-mêmes, que les rétributions d'Auteurs soient exactement payées *jour par jour*. Par ce moyen, les Auteurs n'auront plus à craindre ces arriérés qui compromettent leurs intérêts ; les Agens éprouveront moins de tracasseries quand ils n'auront à réclamer que de modiques sommes ; et ces sommes, plus faciles à donner par l'Entrepreneur, rendront à cet égard sa dépense presque insensible.

ART. XXIII.

Parmi les lois rendues sur les propriétés dramatiques, on trouve un décret du 1ᵉʳ germinal an 13, qui déclare que les héritiers des Auteurs morts seront propriétaires, *leur vie durant*, des ouvrages posthumes. MM. les Correspondans des départemens tiendront strictement la main à l'exécution de cette loi.

ART. XXIV.

Les Auteurs ne peuvent offrir à leurs Correspondans qu'une remise de cinq pour cent sur leurs rétributions ; objet considérable pour eux, relativement

4

à la masse, mais presque nul pour les Correspondans des petites villes, qui produisent si peu ! Cet avantage, on en convient, est bien peu proportionné à leurs peines ; leur zèle ne peut donc être soutenu que par le plaisir de rendre service aux Auteurs dramatiques : ajoutons-y leur entrée personnelle, et le droit de donner des billets. Voici sur quoi se fonde ce dernier droit :

Si un Auteur était présent dans une ville où se joue quelqu'un de ses ouvrages, il aurait incontestablement ses entrées, et chaque fois qu'on jouerait l'une de ses pièces, il pourrait donner plusieurs billets : il est donc juste que le Correspondant, qui représente, non pas un seul Auteur, mais un grand nombre de ceux qui composent une partie du répertoire, jouisse de ces droits, et même de plus étendus. Le *considérant* de la loi du 1er septembre 1793 autorise ce droit, en observant que les théâtres des départemens doivent être soumis aux mêmes usages que ceux de Paris ; mais une considération plus forte encore, c'est que les Auteurs étant les propriétaires de leurs ouvrages, sont les maîtres de n'en concéder la jouissance qu'aux conditions qui leur plaisent, sans qu'aucune Autorité puisse intervenir pour les modifier. Or, l'une de ces conditions expresses, imposées par les Auteurs, est que les personnes qui les représentent dans les départemens y jouissent de tous les avantages dont ils jouissent eux-mêmes aux théâtres de Paris.

Il est bien entendu que ces billets étant une partie des émolumens et des prérogatives des Auteurs, ils doivent être respectés et considérés comme billets payans, et non comme des billets gratis et de faveur, ainsi que plusieurs Directeurs de théâtre feignent de le croire. Les Auteurs se sont réservé la faculté de disposer de ces places, et, dans leurs conventions avec les Comédiens, ils ont exigé pour leurs représentans dans les départemens, la jouissance de ces billets *aux pemières loges*, à plus forte raison les fondés de pouvoirs ont-ils le droit de descendre à des places moindres, quand ils n'en trouvent point aux premières, ou qu'il leur convient de se placer ailleurs ; et ce, par la raison toute simple, que *qui peut le plus, peut le moins*, et que jamais, à aucun théâtre de Paris, on ne s'est avisé de refuser l'entrée d'une place inférieure à celui qui a payé le prix le plus élevé : or, *ces billets sont des billets payans;* qui que ce soit n'en peut donc contester l'entière jouissance.

(Voyez la Circulaire de S. E. le Ministre de l'Intérieur, rapportée ci-dessus, chap. 1er, § 8.)

ART. XXV.

Les Directeurs ou leurs ayant-cause sont tenus de délivrer chaque jour une affiche de spectacle au domicile du Correspondant des Auteurs.

ART. XXVI et dernier.

Il paraîtra chaque mois, ou tous les deux mois, suivant le besoin, une feuille intitulée *Mémorial dramatique*, rédigée sous les yeux du Comité, et dans laquelle on instruira MM. les Correspondans de tout ce qu'il est intéressant de leur faire connaître, soit sous le rapport des nouveautés, soit sous celui des dispositions d'ordre, nécessitées par telle ou telle circonstance. Douze numéros réunis de ce Mémorial formeront la matière d'un supplément au présent Catalogue, et au fur et mesure, ces numéros et ce supplément seront toujours fondus ensemble de manière à n'offrir aux Correspondans que le Catalogue général et son supplément.

Les Membres du Comité,

BOUILLY, *Président;* DELRIEU, *Vice-Président;* GUILBERT DE PIXERÉCOURT, CHERUBINI, SEWRIN, BERTON.

Par le Comité, *le Commissaire-Inspecteur,*

GUILBERT DE PIXERÉCOURT.

Pour copie conforme,

Le Conseil de l'Agence,	*Le Délégué et Caissier de l'Agence*
Chev. de la Lég. d'Hon.,	*Dramatique,*
RICHOMME.	Jules MICHEL.

Nous croyons utile de rappeler à nos Correspondans la copie de la Lettre adressée, *le 16 mai* 1814, à MM. les Agens des Auteurs dramatiques à Paris, ainsi que l'extrait de celle du *25 juin* 1816, attendu qu'elles font corps avec les Lois, Décrets et Arrêtés formant le chapitre Ier des Instructions générales.

MINISTÈRE DE L'INTÉRIEUR.

16 mai 1814.

Le Ministre de l'Intérieur à MM. Richomme et Prin.

MESSIEURS,

Vous réclamez, au nom des Auteurs dramatiques, contre les prétentions des Directeurs de théâtres qui veulent se soustraire au paiement des droits connus sous le titre de *part d'auteur*, tels qu'ils ont été établis jusqu'à ce jour.

LES PROPRIÉTÉS LITTÉRAIRES ET DRAMATIQUES SONT CONSACRÉES ET GARANTIES PAR DES LOIS, dont il appartient aux tribunaux d'assurer l'exécution. C'est donc devant ces tribunaux que vous devez porter vos réclamations.

Quant au vœu que vous émettez qu'il soit écrit aux autorités locales pour les prier de concourir à l'exécution des réglemens sur cette matière, déjà des instructions en ce sens ont été données aux Préfets. Je vous envoie un exemplaire de la Circulaire qui leur fut adressée à ce sujet, le 12 octobre 1812.

Ces instructions me paraissent complètes, et vous n'aurez qu'à en suivre l'effet. Recevez, Messieurs, l'assurance de mes sentimens distingués.

Par ordre, le Chef de la 3e Division, *Signé* BARBIER DE NEUVILLE.

MINISTÈRE DE L'INTÉRIEUR.

25 juin 1816.

Extrait de la Lettre du Ministre de l'Intérieur à MM. Richomme et Prin.

MESSIEURS,

J'ai sous les yeux votre lettre relative aux discussions qui se sont élevées entre vous et le directeur de Lyon, M. Lainez : je vois ces différends avec chagrin : il me semble qu'il devrait constamment régner, entre les auteurs et ceux qui jouent leurs ouvrages, un accord dont l'intérêt des uns et des autres se trouverait bien.

Des lois positives ont reconnu les droits d'auteur : j'aurais cru qu'il eût été facile de faire exécuter des dispositions fort justes à mon avis, et que je suis toujours étonné d'entendre traiter d'étranges par les entrepreneurs.

Quoi qu'il en soit, je vois avec plaisir que vous avez pu modérer ces taxations pour les théâtres de Lyon. L'entreprise de cette ville n'offre pas de grandes ressources, en raison des frais qu'elle exige. Le directeur a besoin que l'on vienne à son secours. L'administration le soutient et l'encourage, mais elle ne prend pas un moindre intérêt aux auteurs. Après cela, si les discussions continuent, et qu'on ne puisse se satisfaire des arrangemens pris, nul doute que l'on ne doive aller devant les tribunaux. La Préfecture, non plus que le Ministère, ne s'immisceront en cette affaire en aucune façon ; mais il serait à souhaiter que l'on évitât de fâcheux éclats, et je pense que la mesure que vous venez d'arrêter est très-propre à faire cesser toutes les oppositions que vous avez jusqu'ici éprouvées. Je vous remercie de la communication que vous m'avez faite.

J'ai l'honneur de vous offrir, Messieurs, l'assurance de ma considération distinguée.

Le Ministre secrétaire d'état de l'intérieur,

Signé LAINÉ.

NOTES DU COMITÉ,

Extraites du registre des délibérations.

20 août 1818.

Le Comité, informé que quelques correspondans se sont permis de faire remise des droits d'auteurs sur plusieurs représentations, sous prétexte que la recette n'avait pas suffi pour les frais, croit devoir, par un avis, rappeler à MM. les agens particuliers, que s'attribuer l'exercice de cette faculté, c'est usurper un privilège qui ne leur est conféré par aucun des réglemens, et que ce n'est qu'à lui seul qu'appartient le droit de modifier le tarif ou d'accorder des remises. En conséquence de cet avertissement, tout agent particulier qui, *sous quelque prétexte que ce soit*, se permettrait, à l'avenir, de faire remise de tout ou partie des droits d'auteur sur la représentation des pièces ou même de fragment de pièces, et d'apporter la moindre modification au tarif établi pour la ville dont la perception est confiée à ses soins, SERA FORCÉ EN RECETTE de la totalité du droit dont il se sera permis de faire la remise.

Le Comité rapelle aussi à MM. les correspondans que les droits d'auteur doivent toujours être prélevés par privilége et avant tout, comme premiers frais, puisque les pièces sur lesquelles ils sont perçus sont la matière première de l'exploitation du Théâtre; que particulièrement dans les villes où les troupes ne sont pas stationnaires, ils doivent percevoir JOUR PAR JOUR, et au lever du rideau, les droits d'auteurs sur les pièces annoncées, et que s'ils s'exposaient, en laissant accumuler plusieurs représentations, à être frustrés des droits, soit par la faillite d'un directeur, ou par le départ d'une troupe, ils seraient également *forcés en recette* du montant du droit qu'ils auraient fait perdre.

Quelques correspondans, par une fausse interprétation de l'art. XXIV du chapitre II des Instructions générales, s'étant permis de signer un plus grand nombre de billets que celui qui leur est accordé, cette extension du droit a excité de justes plaintes de la part des Directeurs de spectacles. Nous croyons, à cette occasion, devoir rappeler à MM. les Correspondans qu'ils ne peuvent (outre leur entrée personnelle) signer chaque jour que DEUX BILLETS *d'une personne chacun* et à TOUTES PLACES, *excepté aux loges louées.* Ils sentiront, nous n'en doutons pas, combien il importe que, dans nos relations avec les Directeurs, le premier tort ne puisse être jamais attribué à nous ou à nos représentans.

Pour économiser les frais d'impressions et de ports de lettres, nous autorisons MM. les correspondans à ne pas envoyer autant de feuilles que de mois, lorsque chaque mois ne présentera qu'un petit nombre de pièces. Il y a des correspondans qui adressent des feuilles entières sur lesquelles, on lit partout *néant*, ou six feuilles, par exemple, pour huit à dix représentations jouées dans l'espace de six mois. On conçoit que c'est augmenter les dépenses en pure perte, et encombrer les cartons de papiers inutiles. Ces messieurs voudront bien désormais remplir toutes les cases des états, en changeant, quand il y aura lieu, l'ordre de date qui s'y trouve. Nous les prions toutefois de conserver scrupuleusement l'ordre des mois, de les indiquer avec soin, et sur-tout de ne point omettre la date exacte des *ouverture*, *clôture*, etc. A défaut de représentation, ils en verront des certificats négatifs en règle.

Nous sommes informés que tout récemment, un entrepreneur, feignant de méconnaître l'esprit de l'article 24 du chap. 2 des instructions générales, quoiqu'il ait été suffisamment expliqué dans le 1er. paragraphe de la présente note, a prétendu que le correspondant des auteurs n'avait pas le droit de signer des billets d'entrée, lorsqu'on ne jouait aucune des pièces de son répertoire, et que dans ce cas, il ne pouvait user que de son entrée personnelle.

Cette injuste prétention ne saurait être admise. Pour la combattre et la détruire, il ne faut que lui opposer le paragraphe de la circulaire adressée par S. Exc. le ministre de l'Intérieur, à MM. les Préfets, tracé en gros caractères, page 13 des instructions générales. Comme il avait précisément pour objet de trancher sur une semblable difficulté élevée par un directeur, nous allons le rapporter ici : «IL EST ENTENDU QUE LE DROIT D'ENTRÉE AU SPECTACLE »ET LES BILLETS QUE SE RÉSERVENT LES AUTEURS, POUR EUX OU LEURS FONDÉS »DE POUVOIRS, FONT PARTIE DU PRIX QU'ILS ONT DROIT D'EXIGER DES ENTREPRE-»NEURS QUI VEULENT REPRÉSENTER LEURS OUVRAGES, ET QU'EN CONSÉQUENCE ON »NE PEUT, SOUS AUCUN PRÉTEXTE, LEUR EN REFUSER LA JOUISSANCE.»

Un motif politique, une indisposition ou tout autre cause, peuvent faire changer le spectacle en tout ou en partie. Comment le correspondant en sera-t-il instruit, si se trouvant dans l'impossibilité d'user de son entrée personnelle, il ne peut se faire suppléer au besoin par un tiers porteur de son billet? cette juste surveillance ne peut offenser personne. Enfin, ce droit établi depuis trente ans, fait partie des conditions attachées à la faculté de jouer nos ouvrages; et forts de l'assistance de l'autorité supérieure, nous ne permettrons pas qu'il y soit porté la plus légère atteinte.

Les Membres du Comité,

MM. BOUILLY, *Président;* DELRIEU, *Vice-Président;* GUILBERT DE PIXERÉCOURT, CHERUBINI, SEWRIN, BERTON.

Pour copie conforme,

Le Conseil de l'Agence,	*Le Délégué et Caissier de l'Agence*
Chev. de la Lég. d'Hon.,	*Dramatique,*
RICHOMME.	JULES MICHEL.

LISTE GÉNÉRALE

DES

AUTEURS QUI ONT DONNÉ LEURS POUVOIRS

A L'AGENCE DRAMATIQUE,

Rue Vivienne, N° 17 ;

ET CATALOGUE GÉNÉRAL

DES OUVRAGES SUJETS AUX DROITS.

PARIS.

JUIN 1823.

LISTE GÉNÉRALE DES AUTEURS

Qui ont donné leurs Pouvoirs à l'AGENCE DRAMATIQUE établie rue VIVIENNE, N° 17; et pour lesquels MM. les Correspondans des Départemens doivent percevoir.

Aignan.
Aimon.
Alexandre (*madame*).
Amédée (*compositeur*).
Amédée Labesse.
Ancelot.
Année.
Antier (*Chevrillon*).
Arnault, *père.*
Arnault, *fils*, (*Lucien*).
Arquier (*compositeur, décédé en octobre* 1816.
Auber (*compositeur*).
Aude.
Aude, *neveu.*
Audibert.
Augustin. *V.* Hapdé.
Aumer (*compositeur de ballets*).

Baillot.
Bailly.
Barjaud.
Barouillet.
Batton (*compositeur*).
Baudry.
Bawr (*madame*).
Bazile.
Belfort (*madame*).
Bellin de la Liborlière.
Bélurgey (*décédé le 17 janvier 1819*).
Béraud.
Bernard-Valville.
Bernhard.
Bert.
Berton (*compositeur*).

Berton (*Henri, compositeur*).
Bignon.
Bis (*Hypolite*).
Blache (*compositeur de ballets*).
Blanchard.
Blanchard (*Henri*).
Blasius (*compositeur*).
Bochsa (*compositeur*).
Boieldieu (*compositeur*).
Boirie.
Boisset (*Melchior*).
Bonel.
Boulé.
Bosquier - Gavaudan.
Bouchard.
Bouilly.
Boullault.
Boursault.
Bouteiller.
Brifaut.
Brunet (*propriétaire*).
Bruni (*compositeur*).

Camel.
Carrion-Nisas.
Casimir-Delavigne.
Castil-Blaze.
Champfeu (*Alphonse*).
Chancourtois.
Chapelle (*compositeur*).
Charrin.
Châteauneuf.
Châteauvieux.
Chaussier (*Hector*).

Chazet (*Alissan de*).
Chérubini (*compositeur*).
Chevalier.
Chevrillon (*Antier*).
Claparède.
Clément.
Cobourg (*de Lille*).
Coffin-Rosny (*décédé le 5 novemb. 1816*).
Comberousse-de-Montbrun.
Courcy (*Frédéric de*).
Crosnier (*Edmond*).
Cuvelier de Trye.

Dalvimare (*compositeur*).
Damarin (*Édouard*).
Daroudeau (*compositeur*).
Daubigny (*Beaudoin*).
Dausoigue.
Davrigny.
Décour.
Décourty.
Deferrières.
Defrenoy.
Dégotty (*mademoiselle*).
Dejaure, *jeune*.
Delamarre.
Delaville.
Delœuvre (*décédé le 14 avril 1817*).
Delorme.
Delrieu.
Demeun (*décédé le 24 avril 1823*).
Dépagny (*Violet*).
De Rhédon (*Maxime*).
Des-Essarts.
Desriaux.
Didelot (*compositeur de ballets*).
Dordan.
Dorvo.
Deurlen.
Dubois.
Dubois (*Pierre*).
Dumolard.
Dumanchau (*compositeur*).
Dupeuty (*Charles*).

Duport (*Louis, compositeur de ballets*).
Duport (*Auguste*).
Dusaulchoy.
Dutremblay.
Duval (*Alexandre*).
Duval (*Henri*).

Eler (*compositeur*).
Edouard Rousin.

Fabre-d'Églantine, *fils*.
Faur.
Faivret (*Émile*).
Favart, *fils*.
Favières.
Favières, *fils*.
Ferdinand Laloüe.
Fétis (*compositeur*).
Fillette-Loraux.
Foignet, *père* (*compositeur*).
Foignet, *fils* (*compositeur*).
Fontenay.
Fontenelle (*compositeur*).
Fougas.
Fournier (*décédé le 17 août 1817*).
Franconi, *jeune*.
Frédéric du Petit Méré.
Fridzéry (*compositeur*).

Gail (*madame, compositeur, décédée le 25 juillet 1819*).
Gardel (*compositeur de ballets*).
Gassicourt (*Cadet de, décédé en 1822*).
Gaveaux (*compositeur*).
Gay (*madame Sophie*).
Gentilhomme.
Germé.
Gianella (*compositeur*).
Gibert.
Gilbert.
Gilbert (*J.-B., compositeur de ballets*).
Giraud (*décédé le 26 février 1821*).

Goldmann.
Gosse.
Gougibus.
Goury (*Auguste*).
Gramont.
Guénée (*compositeur*).
Guilbert de Pixerécourt.
Guillet.
Guy.

Halot (*Mad. Barthelemi, décédée en juillet* 1821).
Halevy (*compositeur*).
Hapdé (*Augustin*).
Hennequin.
Henry.
Henry (*compositeur de ballets*).
Herdeliska (*compositeur, décédé le* 13 *février* 1820).
Hérold (*compositeur*).
Heudier (*compositeur*).
Hineaux.
Hordé (*madame*).
Hubert.
Huillard.
Hullin (*compositeur de ballets*).
Hus (*Eugène*).
Hus des Forges.

Jacquinet (*compositeur de ballets*).
Jadin, père (*compositeur*).
Jadin, *fils*.
Jars.
Jouy.
Justin Gensoul.

Kreubé (*Frédéric, compositeur*).
Kreutzer (*compositeur*).

Lachabeaussière (*décédé le* 10 *septembre* 1820).
Lachnith (*compositeur*).
Lacour.
Lalanne.
Lamardelle.
Lamarque, *dit* Saint-Victor.
Lamey.

Lantier (*décédé en juillet* 1820).
Latresne.
Laya.
Leblanc (*compositeur*).
Leblanc de Ferrière.
Lebrun (*compositeur*).
Lebrun (*Pierre*).
Lebrun-Tossa.
Lecomte.
Lefebre.
Lefebvre.
Lefebvre (*Noël*), (*d'Elbœuf*).
Léger (*décédé le* 28 *mars* 1823).
Legrand.
Legros.
Lelu.
Lemaire (*Henri*).
Le Miere de Corvey.
Lemontey.
Léon Rabbe.
Léopold (*Chandezon*).
Le Poitevin de l'Egreville.
Leriche (*madame*).
Leroy (*J.-B. Onésime*).
Lesparat (*madame, décédée le* 13 *août* 1819).
Lesur.
Levasseur.
Levrier de Champ-Rion.
Liadières.
Ligier.
Loraux, *aîné*.
Loraux, *jeune*.

Maldan (*propriétaire*).
Mailhol.
Marsollier (*décédé le* 22 *avril* 1817).
Martin (*propriétaire*).
Marty.
Mathias.
Mazas (*compositeur*).
Mazoier.
Méhul (*compositeur, décédé le* 18 *octobre* 1817).
Mendouze.
Mengal (*compositeur*).

Ménissier.

Mercier (*décédé le 25 avril 1814*).

Merle.

Milcent.

Milon (*compositeur de ballets*).

Mirecour.

Moline (*décédé le 19 février 1820*).

Morel de Chedeville, (*décédé le 13 juillet 1814*).

Moussard.

Murville (*André, décédé le 1er janvier 1815*).

Noël.

Nervaux (de)(*de Lyon*).

Ourry.

Paër (*compositeur*).

Panseron (*compositeur*).

Paris, *fils* (*compositeur*).

Pelletier.

Pelletier-Volmérange.

Pélissier de Laqueyrie.

Perlet (*propriétaire, décédé le 15 mai 1817*).

Persuis (*compositeur, décédé le 21 décembre 1819*).

Petipa (*compositeur de ballets*).

Philibert.

Piccinni (*Joseph-Marie*).

Piccinni (*Alexandre, compositeur*).

Pierson.

Pichat (*Balthazar*).

Piquet.

Polanchet (*Ferdinand*).

Ponet.

Porta (*compositeur*).

Poujol.

Pradel.

Prévost.

Prévost-d'Iray.

Pujoulx (*décédé le 17 avril 1821*).

Puysaie.

Quaisain (*compositeur*).

Ragueneau (*Armand*).

Renat, *fils* (*compositeur*).

Renault (*Ernest*).

Révérony de St.-Cyr (*le baron*).

Riboutté.

Richer.

Roger (*Louis, maître de ballets*).

Roll (*compositeur*).

Rolland (*propriétaire*).

Romagnésy (*compositeur*).

Rosny.

Rousseau (*Ernest*).

Saint-Amand.

Saint-Chamans.

Saint-Just.

Saint-Hilaire.

Saintine.

Saint-Victor.

Saint-Yon.

Sewrin.

Sidony.

Simonin.

Spontini (*compositeur*).

Soumet (*Alexandre*).

Souriguère (*Saint-Marc*).

Struntz.

Taix (*compositeur, décédé en mai 1815*).

Tavian.

Taylor.

Théodore d'Hargeville.

Thuring.

Toby (*compositeur*).

Toméoni (*compositeur, décédé en août 1820*).

Touchard (*propriétaire*).

Touchard-Lafosse.

Tournemine.

Tousez (*Léonard*).

Travault.

Turmeau.

Varez.

Verneuil.

Vial.

Viennet.

Villars.

Villeblanche (*compositeur*).

Villemontez.

Winter (*compositeur*).

CATALOGUE GÉNÉRAL

DES

OUVRAGES DRAMATIQUES ET LYRIQUES

DES AUTEURS ATTACHÉS A L'AGENCE, RUE VIVIENNE, N° 17.

ABRÉVIATIONS.

T. Tragédie. *C.* Comédie. *O.* Opéra. *D.* Drame. *M.* Mélodrame. *M. M.* Mimodrame.
V. Vaudeville. *B.* Ballet. *P.* Pantomime. *F.* Féerie.

A.

Titres des Pièces.	Genres.	Classes.	Auteurs et quotité du droit.
A bas les Diables et les Bêtes !	V.	3e	Dutremblay, Chazet.
A bas Molière !	V.	3e	Chazet, Merle, Des-Essarts.
Abbaye de Grasville (l')	M.	1re	Boirie, Clément.
Abbé Coquet (l')	C.	4e	Touchard, propriétaire.
Abbé de l'Epée (l')	D.	1re	Bouilly.
Abdala	M.	1re	Germé, Quaisain.
Abdélasis et Zuléima	T.	1re	Murville (André.)
Abel	O.	1re	demi-droit pr Kreutzer.
Abelino, ou l'Homme à trois visages.	M.	1re	Guilbert de Pixerécourt.
Abencérages (les), ou l'Étendard de Grenade	O.	1re	De Jouy, Chérubini.
Abenhamet	M.	1re	un sixième du droit pr Quaisain et Renat.
Accord difficile (l')	C.	2e	Des-Essarts.
Achille à Scyros	B. P.	1re	Gardel, Chérubini.
Achmet, ou l'Ambition maternelle.	M.	1re	les 7 douzièmes pr Hubert, A. Piccini.
Acis et Galathée	B.	3e	Duport, (Louis.)
Actéon changé en cerf	P.	2e	Augustin Hapdé, Darondeau.
Acteur dans son ménage (l')	V.	3e	Touchard, propriétaire.
Acteur embarrassé (l')	C.	2e	Aude.
Acteurs à l'épreuve (les)	V.	3e	Sewrin, Chazet.
Actrice (l'). (Voyez Céline).			
Actrice chez elle (l')	O.	3e	demi-droit pr Marsollier.
Adèle de Sacy	P.	1re	Leblanc.
Adèle et Dorsan	O.	1re	demi-droit pr Marsollier.
Adèle et Fulbert	O.	3e	demi-droit pr Darondeau.

Titres des Pièces.	Genres.	Classes.	Auteurs et quotité du droit.
Adelson et Salvini	M.	1e	Delamarre, Blasius.
Adolphe et Clara, *ou* les deux Prisonniers	O.	3e	demi-droit pr *Marsollier.*
Adolphe de Halden, *ou* l'Orpheline du château	M.	1e	*Cuvelier.*
Adolphe et Sophie, *ou* les Victimes d'une erreur	M.	1e	un sixième pr *Quaisain, Renat.*
Adonis, *ou* le bon Nègre	M.	1e	*Béraud, Rosny.*
Adoption (l') (*voyez* la bonne Femme).			
Adresse et Argent. (*voyez* un petit Mensonge.)			
Adrien	O.	1e	demi-droit pr *Méhul.*
Adrienne de Courtenay	M.	1e	un sixième pr *Quaisain.*
Affrico et Menzola	M.	1e	*Coffin-Rosny.*
Agar dans le désert	O.	1e	*De Jouy, Méhul.*
Agnès Bernau	D.	1e	*Milcent.*
Agnès et Fitz-Henry	B. P.	1e	*Henry.*
Agnès Sorel	V.	1e	demi-droit pr *Bouilly.*
Ah! là! là! ou le vœu de ne pas danser.	V.	3e	un tiers de droit pr *Gosse.*
Aimable Vieillard (l')	C.	1e	*De Favières.*
Aimable Vieillard (l')	V.	3e	*Hector Chaussier.*
Aimable Vieillard (l')	C.	4e	*Prevost.*
Alain et Lison	V.	3e	Mad. *Barthelemy Hadot.*
Alain et Rosette	V.	3e	*Léger.*
Albert de Gênes	M.	1e	*Aude.*
Albert de Weimar	M.	1e	*Hector Chaussier.*
Albert de Whobourg	M.	1e	*Milcent, Lefebvre.*
Alchimistes (les)	O.	1e	demi-droit pr *Moline.*
Alcibiade Solitaire	O.	2e	*Cuvelier, Barouillet, Al. Piccinni.*
Alexandre aux Indes	O.	1e	demi-droit pr *Morel de Chedeville.*
Alexandre chez Apelles	C.	3e	*De la Ville.*
Alexandre chez Apelles	B. P.	2e	*Gardel.*
Alexis, *ou* l'Erreur d'un bon père	O.	3e	demi-droit pr *Marsollier.*
Alfred-le-Grand	B. P.	1e	*Aumer.*
Ali-Baba, *ou* les quarante voleurs	M.	1e	*Guilbert de Pixerécourt.*
Ali-Pacha	M.	1e	*Comberousse, Pichat.*
Aline, reine de Golconde	O.	1e	*Vial, de Favières, Berton.*
Alisbelle	O.	1e	demi-droit pr *Jadin.*
Alix et Blanche, *ou* les Illustres rivales	M.	1e	demi-droit pr *Dubois.*
Almanza, *ou* la prise de Grenade	M.	1e	un douzième pr *Quaisain.*
Almaviva et Rosine	B. P.	1e	*Blache.*
Alméria, *ou* l'Ecossaise fugitive	M.	1e	Mad. *Barthelemy Hadot.*
Aloïse, *ou* le Délire d'un Père	M.	1e	*Hubert, Dubois.*

Titres des Pièces.	Genres.	Classes.	Auteurs et quotité du droit.
Alphonse et Adèle	V.	3ᵉ	Mad. *Barthelemy Hadot.*
Alphonse et Léonore	O.	3ᵉ	demi-droit pʳ *Prévost-d'Iray.*
Alphonse, roi de Castille	M.	1ᵉʳ	*Milcent.*
Alphonse, roi d'Arragon	O.	1ᵉʳ	*Souriguère St.-Marc, Bochsa.*
Alphonse, *ou* les suites d'un second mariage	D.	2ᵉ	*Léger.*
Amanda	M.	1ᵉʳ	*Hineaux, Coffin-Rosny, Quaisain, Darondeau.*
Amans absens (les)	O.	3ᵉ	demi-droit pʳ *Quaisain.*
Amans de Philadelphie (les), *ou* l'Héloïse américaine	D.	2ᵉ	*Aude.*
Amans du bon vieux temps (les)	V.	3ᵉ	*Camel.*
Amans du Pont-aux-Biches (les)	V.	3ᵉ	*Camel.*
Amans en poste (les)	M.	1ᵉ	un sixième pʳ *Quaisain.*
Amant à l'épreuve (l')	O.	2ᵉ	*Moline, Fillette Loraux, Berton.*
Amant intrigué (l')	V.	3ᵉ	deux tiers pʳ *Léon Rabbe.*
Amant Instituteur (l')	V.	3ᵉ	demi-droit pʳ *Defrenny.*
Amant rival (l')	V.	3ᵉ	*Pelletier, Frédéric.*
Amant rival de sa maîtresse (l')	O.	3ᵉ	demi-droit pʳ *Alex. Piccinni.*
Amant et le Mari (l')	O.	2ᵉ	trois quarts pʳ *Jouy, Fétis.*
Amant soupçonneux (l')	C.	3ᵉ	demi-droit pʳ *Chazet.*
Amant timide (l')	C.	4ᵉ	*Châteauneuf.*
Amateur tout seul (l')	V.	3ᵉ	demi-droit pʳ *Ragueneau.*
Amazone de Grenade (l')	M.	1ᵉ	Mad. *Barthelemy Hadot, Taix.*
Amazones (les)	O.	1ᵉ	*Jouy, Méhul.*
Amélasis, *ou* Amour et Ambition	M.	1ᵉ	*Hubert, Quaisain.*
Amélia, *ou* les deux Jumeaux espagnols	M.	1ᵉ	*Delrieu.*
Amélie, *ou* le Chapitre des Contrariétés	V.	2ᵉ	*Sewrin.*
Amélie de Mansfield	D.	1ᵉ	*Bellin.*
Amélie et Monrose	D.	1ᵉ	*Faur.*
Amélie et Montfort	O.	1ᵉ	demi-droit pour *Jadin.*
Amélie, *ou* le couvent	C.	3ᵉ	*Pujoulx.*
Amélie, *ou* le protecteur mystérieux	M.	1ᵉ	Mad. *Alexandre, Taix.*
Ami des Lois (l')	D.	1ᵉ	*Laya.*
Ami du Mari (l')	C.	3ᵉ	*Marsollier.*
Amitié cédée à l'Amour (l')	B. P.	3ᵉ	*Blache.*
Amour et Caprice	V.	3ᵉ	un tiers pʳ *Simonin.*
Amour à Cythère (l')	B. P.	2ᵉ	*Henry, Gaveaux.*
Amour au régime (l')	C.	4ᵉ	*Dubois, Chazet.*
Amour au village (l'), *ou* l'Enfant ailé	B. P.	2ᵉ	*Blache.*
Amour conjugal (l') (*voyez* Léonore.)			

Titres des Pièces.	Genres.	Classes.	Auteurs et quotité du droit.
Amour dans l'île des Amazones (l').	M.	1re	un sixième pr *Taix*.
Amour en défaut (l').	O.	3e	*Piquet, Taix*.
Amour et Argent, *ou le Créancier rival*.	V.	3e	un tiers du droit pr *Chazet*.
Amour et Coquetterie.	O.	3e	demi-droit pr *Coffin-Rosny*.
Amour et Délicatesse.	C.	4e	*Bonel*.
Amour, Honneur et Devoir.	M.	1re	sept douzièmes pr *Charrin, Quaisain, Renat*.
Amour et la Folie (l').	B. P.	2e	*Blache*.
Amour et la Paix (l').	V.	3e	*Hector Chaussier*.
Amour et Psyché (l').	V.	3e	*Moline*.
Amour filial (l').	O.	3e	demi-droit pr *Gaveaux*.
Amour Hermite (l').	O.	3e	*Desriaux, Blasius*.
Amour et le Temps (l').	B. P.	3e	*Blache*.
Amour (l') ou les Nymphes de Diane.	B. P.	3e	*Blache*.
Amour Maternel (l') (*voyez* Marianne.)			
Amour Mendiant (l').	B. P.	3e	*Cuvelier*.
Amour Postillon (l'), *ou la Poste enchantée*.	P.	3e	*Augustin Hapdé, Roll*.
Amour Prisonnier (l').	O.	3e	*Moline*.
Amour Rémouleur (l').	V.	3e	*Sewrin*.
Amour Vengé (l').	B. P.	3e	*Baudry*.
Amours d'Antoine et de Cléopâtre (les).	B. P.	1re	*Aumer, Kreutzer*.
Amours de Braillard (les), *ou Tout le monde en veut*.	V.	3e	*Ourry, Merle*.
Amours de Henri IV (les), *ou Gabrielle d'Estrées*.	O.	1re	*De St-Just, Méhul*.
Amours de Vénus et de Mars (les).	V.	3e	*Moline*.
Amours du Port au bled (les).	V.	3e	demi-droit pr *Sewrin*.
Amynthe et Myrtil.	B. P.	1re	*Blache*.
Anacréon à Surêne.	V.	3e	demi-droit pr *Hector Chaussier*.
Anacréon chez Polycrate.	O.	1re	demi-droit pr *Guy*.
Anacréon, *ou l'Amour fugitif*.	O.	2e	*Mendouze, Cherubini*.
Androclès, *ou le Lion reconnaisant*.	M.	1re	un sixième de droit pr *Leblanc*.
Angéla, *ou l'Atelier de Jean Cousin*.	O.	3e	demi-droit pr *Boieldieu et* Mad *Gail*.
Angélique et Melcour.	V.	3e	*Léger*.
Ange tutélaire (l'), *ou le Démon femelle*.	M.	1re	*Guilbert de Pixerécourt*.
Anglais à Bagdad (l').	V.	3e	un tiers pr *Ourry*.
Anglaises pour rire (les).	V.	3e	demi-droit pr *Sewrin*.
Anna, *ou les Deux Chaumières*.	O.	3e	*Sewrin, Solié*.
Anne de Boulen.	M.	1re	un tiers pr *Frédéric*.

Titres des Pièces.	Genres.	Classes.	Auteurs et quotité du droit.
Anti-Célibataire (l'), ou les Mariages.	C.	2e	Pujoulx.
Apelles et Campaspe	O.	3e	demi-droit pour Eler.
Apelles et Campaspe, ou un trait d'Alexandre	B. P.	2e	Blache.
Apothéose de Don-Quichote (l')	P.	1er	Cuvelier.
Apothéose des Grâces (l')	B. P.	3e	Blache.
Apothicaire (l')	O.	3e	demi-droit pour Foignet.
A quoi cela tient	C.	3e	Boursault.
Arabe hospitalier (l')	M.	3e	Ferdinand Laloue, Saintine.
Arabelle et Vascos, ou l'Inquisition de Goa	O.	1er	demi-droit pour Lebrun-Tossa.
Arbitre (l'), ou les Consultations de l'an sept	V.	3e	demi-droit pour De Jouy.
Arbre enchanté (l')	O.	3e	demi-droit pour Moline.
Archambaud, ou Amour et Devoir.	M.	1er	onze douzièmes pr Leblanc Deferrière, Quaisain.
Ardres sauvée, ou les Rambures	M.	1er	deux tiers pour Cuvelier.
Argent du Voyage (l')	C.	4e	Mad. Bawr.
Ariane abandonnée dans l'île de Naxos	O.	3e	Moline, propriétaire.
Ariodant	O.	1er	demi-droit pour Méhul.
Aristippe	O.	2e	Giraud, Kreutzer.
Arlequin à Alger	V.	3e	demi-droit pour Justin.
Arlequin auteur	V.	3e	Châteauvieux.
Arlequin au village	O.	3e	demi-droit pour Al. Picinni.
Arlequin bon ami	O.	3e	demi-droit pour Al. Picinni.
Arlequin charlatan	V.	3e	demi-droit pour Chazet.
Arlequin clerc de procureur	V.	3e	Charrin.
Arlequin dans un œuf	M.	1er	Augustin Hapdé.
Arlequin décorateur	V.	3e	demi-droit pour Année.
Arlequin garçon traiteur	V.	3e	Prévost-d'Iray.
Arlequin journaliste	V.	3e	demi-droit pour Chazet.
Arlequin libraire	V.	3e	Touchard, propriétaire.
Arlequin Narcisse	V.	3e	deux tiers pr Courcy, Saintine.
Arlequin Omasis	V.	3e	Touchard, propriétaire.
Arlequin portier	V.	3e	Philibert, Marty.
Arlequin protégé par les génies infernaux	M.	1er	demi-droit pour Bazile.
Armure, (l') ou le Soldat moldave.	M.	1er	Cuvelier, Léopold.
Arnill, ou le Prisonnier américain	O.	3e	demi-droit pour Marsallier.
Arracheur de dents (l')	V.	3e	Dupeuty, Villeneuve.
Arsène, ou le Génie maure	P.	1er	Franconi jeune.
Arsinoüs	T.	1er	Delrieu.

Titres des Pièces.	Genres.	Classes.	Auteurs et quotité du droit.
Artaxerce	T.	1^e	Delrieu.
Artaxerce	T.	1^e	Delaville.
Art d'aimer au village (l')	O.	3e demi-droit pour *Lebrun.*	
Arthur de Bretagne	T.	1^e	Aignan.
Artistes par occasion (les)	O.	3e demi-droit pour *Alex. Duval.*	
Artistes rivales (les)	M.	3e demi-droit pour *Hector Chaussier.*	
Arts et l'Amitié (les)	C.	3e *Bouchard.*	
Arts et l'Amitié (les)	O.	3e *Bouchard, Jadin.*	
Asinard (Monsieur), *ou le* Volcan de Montmartre	V.	3e deux tiers du droit p^r *Chazet, Ourry.*	
Aspasie	O.	1e demi-droit p^r *Morel de Chedeville.*	
Aspasie et Périclès	O.	3e *Viennet, Dausoigne.*	
Assaut de Valets. (*voyez* Marton et Frontin.			
Assemblée de Famille (l')	C.	1e *Riboutté.*	
Asthénie (l')	V.	3e demi-droit pour *Lachabeaussière.*	
Astianax (ouvrage posthume)	O.	1e *Dejaure* jeune, *Kreutzer.*	
Astronome (l')	O.	3e demi-droit pour *Lebrun.*	
Atala et Chactas	P.	1e *Hapdé.*	
Atalante vaincue	B.P.	2e *Baudry.*	
A-t-il deux femmes? *ou* les Corsaires Barbaresques	M.	1e *Cuvelier, Barouillet.*	
A tout péché miséricorde.	V.	5e demi-droit pour *Chazet.*	
Attaque du Convoi (l')	M.M.	1e *Cuvelier.*	
Attila	T.	1e *Hyppolite Bis.*	
Attendre et courir.	V.	3e demi-droit pour *Lachabeaussière.*	
Auberge de Berlin (l')	C.	3e *Bonel.*	
Auberge des Ruines (l')	M.	1e un douzième pour *Quaisain.*	
Aubergistes de qualité (les)	O.	1e demi-droit pour *De Jouy.*	
Auguste, *ou le* Fils naturel	D.	2e *Gosse.*	
Augustine et Benjamin	O.	3e *Bernard Valville, Eugène Hus, Bruni.*	
Aurengg-Zeb, *ou la* Famille indienne.	M.	1e *Frédéric, Al. Piccinni.*	
Aurore , *ou la* Fille de l'Enfer	M.	1e *Boursault, Arquier.*	
Aussi fou l'un que l'autre	O.	2e demi-droit pour *E. Hus.*	
Auteur anonyme (l').	C.	4e *Piquet.*	
Auteur dans son ménage (l')	O.	3e *Gosse, Bruni.*	
Auteur de Montargis (l')	V.	3e *Bonel.*	
Auteur mécontent (l')	C.	4e *J. Piccinni.*	
Auteur mort et vivant (l')	O.	3e demi-droit pour *Hérold*	
Avant-Postes (les)	V.	3e demi-droit pour *Vial.*	
Avant-Postes du Maréchal de Saxe (les)	V.	3e demi-droit pour *Dumolard.*	

Titres des Pièces.	Genres.	Classes.	Auteurs et quotité du droit.
Avare (l'). (Mis en vers)	C.	1ᵉ	*Mailhol.* (ouvrage posthume).
Avare fastueux (l')	C.	2ᵉ	*Saint-Just.*
Aventure nocturne (l')	V.	3ᵉ	*Turmeau.*
Aveugle du Tyrol (l')	M.	1ᵉ	deux tiers pour *Frédéric.*
Avide Héritier , (l') *ou* l'Héritier sans héritage	C.	2ᵉ	*De Jouy.*
Avis aux goutteux	V.	3ᵉ	deux tiers pʳ *Vial, et Favières père.*
Avis au Public, *ou* le Physionomiste en défaut	O.	2ᵉ	trois quarts pʳ *Souriguère, Al. Piccinni.*
Avis aux Femmes, *ou* le Mari colère.	O.	3ᵉ	*Guilbert de Pixerécourt, Gaveaux.*
Avis aux Jaloux	O.	3ᵉ	*Ourry, Chazet, H. Berton.*
Avis aux Maris, *ou* la Leçon conjugale.	C.	2ᵉ	*Sewrin, Chazet.*
Avis aux Pères	V.	3ᵉ	*Defrenoy.*
Azémia , *ou* les Sauvages	O.	1ᵉ	demi-droit pour *Lachabeaussière.*
Azémire, *ou* les Réfugiés Péruviens.	M.	1ᵉ	un quart pour *Leblanc.*
Azolin *ou* l'Enchanteur ,	M.	1ᵉ	un sixième pour *Taix.*

B.

Titres des Pièces.	Genres.	Classes.	Auteurs et quotité du droit
Baboukin , *ou* le Sérail en goguette.	V.	3ᵉ	un tiers pour *Merle.*
Badauds de Londres (les)	C.	4ᵉ	demi-droit pour *Boursault.*
Bah ! c'est singulier !	V.	3ᵉ	*Hector Chaussier.*
Bail à vie (le)	C.	4ᵉ	*Hennequin.*

Titres des Pièces.	Genres.	Classes.	Auteurs et quotité du droit.
Baiser donné et rendu (le)	O.	3ᵉ demi-droit pour *Guy*.	
Baiser et la quittance (le), ...	O.	1ᵉ trois huitièmes pᵉ *Méhul*, *Boieldieu*, *Kreutzer*.	
Baladines (les) parodie des Bayadères.	V.	3 *Ourry*, *Merle*.	
Bal de l'Opéra. (*Voyez* le Masque tombé.)			
Banc de Sable (le) *ou* le naufrage.	M.	1ᵉ *Boirie*, *Frédéric*, *Merle*.	
Bantam sauvé, *ou* les Français à Java.	M.	1ᵉ *Fournier*, *Taix*.	
Baptême (le) *ou* la double fête	V.	3ᵉ demi-droit pour *Varez*.	
Barbe Bleue.	P.	1ᵉ *Augustin Hapdé*, Mad. *Alexandre*, *Al. Piccinni*.	
Barberousse le Balafré	P.	2ᵉ *Cuvelier*.	
Barbier de la cité (le)	M.	1ᵉ *Daubigny*, *Al. Piccinni*.	
Barbier de Séville (le)	O.	1ᵉ demi-droit pour *Moline*.	
Barbier de Séville (le)	O.	1ᵉ *Castil-Blaze*.	
Barbier de Séville (le)	B. P.	1ᵉ *Duport*, *Louis*.	
Barnevelt Français (le), *ou* Jenneval.	D.	1ᵉ *Mercier*.	
Baron de Felsheim (le)	M.	1ᵉ un douzième du droit pᵉ *Quaisain*.	
Bataille de Bouvines (la)	M.	1ᵉ demi-droit pour *Ferd. Laloue*.	
Bataille de Fontenoy (la). (*voyez* Henriette et Adhémar)			
Bataille de Neurode (la)	M.	1ᵉ Mad. *Leriche*, *Leblanc*.	
Bataille de Pultava (la)	M.	1ᵉ *Frédéric*, *Boirie*, *Quaisain*, *A. Piccinni*.	
Bataille de Veillane (la)	M.	1ᵉ un sixième pour *Quaisain*, *Renat*.	
Batelière du Loiret (la)	V.	3ᵉ *Ourry*, *Chazet*.	
Baudouin, comte de Provence	M.	1ᵉ *Lamardelle*, *Quaisain*.	
Baudouin de Jérusalem	M.	1ᵉ *Boirie*, *Dubois*, *Léopold*.	
Bayadères (les)	O.	1ᵉ demi-droit pour *de Jouy*.	
Bazar d'Ispahan (le)	B. P.	3ᵉ *Roger*.	
Béarnais (les), *ou* Henri IV en voyage.	O.	3ᵉ *Sewrin*, *Boieldieu*, *Kreutzer*.	
Beaunois à Paris (le)	V.	3ᵉ demi-droit pour *Chazet*.	
Beau Narcisse (le)	V.	3ᵉ deux tiers pour *Courcy*, *Saintine*.	
Bédéno, *ou* le Sancho de Bisuagar.	M.	1ᵉ *Aude*, *Goldmann*, *Quaisain*.	
Bédouins (les), *ou* la Tribu du Mont-Liban.	P.	1ᵉ *Frédéric*, *Al. Piccinni*.	
Bélisaire.	M.	1ᵉ *Cuvelier*, *Hubert*.	
Bélisaire.	M.	1ᵉ *Boullault*.	
Bélisaire.	T.	1ᵉ *Jouy*.	
Belle au bois dormant (la), *ou* la Forêt enchantée	M.	1ᵉ un quart pour *Leblanc*.	
Belle au bois dormant (la).	V.	2ᵉ demi-droit pour *Bouilly*.	
Belle Cordière (la) *ou* la Sapho de Lyon.	V.	3ᵉ un tiers de droit pour *Bouilly*.	

Titres des Pièces.	Genres.	Classes.	Auteurs et quotité du droit.
Belle Créole (la)	P.	1e	*Leblanc.*
Belle et Bonne	V.	3e	*Léger.*
Belle Égyptienne (la)	V.	3e	*Moline.*
Belle Espagnole (la)	P.	1e	*Cuvelier.*
Belle Hélène (la)	M.	1e	*Béraud.*
Belle Hôtesse (la)	V.	3e	demi-droit pour *Léger.*
Belle-Mère (la), *ou* les deux Orphelins	M.	1e	sept douzièmes pr *Fontenay*, *Quaisain*, *A. Piccinni.*
Belle Milanaise (la)	M.	1e	un cinquième du droit pr *Leblanc.*
Belvéder (le), *ou* la vallée de l'Etna.	M.	1e	*Guilbert de Pixerécourt.*
Béniowski, *ou* les Exilés au Kamtschatka	O.	1e	*Alex. Duval*, *Boieldieu.*
Berceau (le)	V.	3e	*Guilbert de Pixerécourt.*
Berceau du Prince (le)	V.	3e	deux cinquièmes pr *Chazet*, *Dubois.*
Berceau (le), *ou* les trois âges d'Henri IV	V.	3e	*Cuvelier*, *Franconi.*
Bergers (les), *ou* le retour au Village	V.	3e	*Turmeau.*
Berger de la Sierra-Morena (le)	B. P.	1e	*Petipa.*
Bergère Châtelaine (la)	O.	1e	demi-droit pour *Auber.*
Bergère de Saluces (la)	M.	1e	*Noël*, *Leblanc.*
Berquin, *ou* l'Ami des enfans	V.	3e	demi-droit pour *Bouilly.*
Berthilie	M.	1e	un douzième pour *Quaisain.*
Bertram, *ou* le Pirate	M.	1e	*Taylor.*
Bête du Gévaudan (la)	M.	1e	un sixième du droit pr *Quaisain.*
Béverley d'Angoulême (le)	C.	4e	*Aude.*
Bibliothèque magique (la)	O.	3e	*Moline*, *Toméoni.*
Bigame supposé (le), *ou* les Troubadours par infortune	M.	1e	*Moussard*, *Quaisain.*
Billet de Logement (le)	V.	3e	*Léger.*
Billet de Mariage (le)	O.	1e	demi-droit pour *Fridzeri.*
Billets doux (les)	O.	3e	demi-droit pour *A. Piccinni.*
Bion	O.	3e	demi-droit pour *Méhul.*
Blanche et Montcassin, *ou* les Vénitiens	T.	1e	*Arnault.*
Blanche de Provence, *ou* la cour des Fées	O.	1e	demi-droit pr *Paër*, *Berton*, *Kreutzer*, *Boieldieu*, *Chérubini.*
Blonde et la Brune (la)	C.	4e	*Sewrin.*
Bohémien (le), *ou* la Ceinture	O.	3e	demi-droit pour *Chancourtois.*
Boisrosé	C.	4e	*Mercier.*
Boleslas, *ou* les Ruines de l'Abbaye	M.	1e	un sixième du droit pr *Quaisain.*

Titres des Pièces	Genres.	Classes.	Auteurs et quotité du droit.
Boiteuse (la)	O.	3ᵉ	demi-droit pour *Foignet.*
Bombardement d'Alger (le)	M.	1ᵉ	*Frédéric.*
Bon fils (le)	O.	3ᵉ	*Hennequin , Lebrun.*
Bon Naturel et Vanité, *ou la Petite école des Femmes*	C.	4ᵉ	*Dumolard.*
Bonne Femme (la), *ou l'Adoption.*	V.	3ᵉ	*Dubois , Chazet.*
Bonne Femme (la), *ou les Prisonniers de guerre*	V.	3ᵉ	demi-droit pour *Dubois.*
Bonne Sœur (la)	O.	3ᵉ	demi-droit pour *Bruni.*
Botte de sept lieues (la)	P.	2ᵉ	*Hullin , Taix.*
Botte Secrète (la) *ou les Prétendus au village*	V.	3ᵉ	*Dordan , Gentilhomme.*
Bouffe et le Tailleur (le)	O.	3ᵉ	demi-droit pour *Gaveaux.*
Bouffon dans l'embarras (le)	V.	3ᵉ	deux tiers pour *Crosnier, Leblanc-Deferrières.*
Boulevard du Temple (le)	V.	3ᵉ	demi-droit pour *Cuvelier.*
Bouquet Filial (le)	V.	3ᵉ	*Moline , Aude neveu.*
Bouquet (le), *ou le Rossignol.*	V.	3ᵉ	*Henry.*
Bouquet des Poissardes (le)	V.	3ᵉ	demi-droit pour *Dubois.*
Bouquetière de Florence (la)	M.	1ᵉ	*Leblanc-Deferrières , Varez.*
Bouquetière Anglaise (la)	V.	3ᵉ	un tiers du droit pʳ *Dubois.*
Bourgeois Campagnards (les)	V.	3ᵉ	*Sewrin , Chazet.*
Bourguemestre de Saardam (le), *ou les deux Pierre*	M.	1ᵉ	deux tiers pʳ *Boirie , Merle.*
Bouton de rose	M. F.	1ᵉ	*Guilbert de Pixerécourt.*
Braconnier (le) *ou Sylvain*	B. P.	2ᵉ	*Blache.*
Bramine (le)	O.	3ᵉ	demi-droit pour *Al. Piccinni.*
Brigand (le)	O.	1ᵉ	demi-droit pour *Kreutzer.*
Brigands des Alpes (les)	V.	3ᵉ	deux tiers pʳ *Ancelot , Saintine.*
Brouette du Vinaigrier (la)	D.	1ᵉ	*Mercier.*
Brouille (la) et le Raccommodement	V.	3ᵉ	un tiers du droit pʳ *Frédéric.*
Brouilleries (les)	O.	1ᵉ	*Davrigny , Berton.*
Brunehaut, *ou les Successeurs de Clovis*	T.	1ᵉ	*Aignan.*
Bûcherons (les)	B. P.	3ᵉ	*Blache.*
Buffet (le)	V.	3ᵉ	*Augustin Hapdé.*
Bureau des nourrices (le) *Th. du Vaudeville*	V.	3ᵉ	deux tiers pʳ *Courcy.*
Bureau des nourrices (le) *Th. de la Gaîté*	V.	3ᵉ	demi-droit pour *Frédéric.*

Titres des Pièces.	Genres.	Classes.	Auteurs et quotité du droit.
Bureau de locations (le)............	V.	3e	demi-droit pour *Dubois*.
Bureau de renseignemens (le).....	V.	3e	*Brunet*, propriétaire.

C.

Titres des Pièces.	Genres.	Classes.	Auteurs et quotité du droit.
CABALE au village (la)...........	V.	3e	*Chazet, Simonin*.
Cabane de Montainard (la)........	M.	1er	demi-droit pour *Frédéric*.
Cachemire (le), *ou le Schall*	C.	3e	*Boursault*.
Cadet-Roussel....................	C.	4e	*Prévost*.
Cadet-Roussel aux Champs-Élysées.	V.	3e	*Aude*.
Cadet Roussel Troubadour.........	V.	3e	demi-droit pour *Aude*.
Cadet-Roussel Barbier à la fontaine des Innocens..................	C.	4e	*Aude*.
Cadet-Roussel chez Achmet.......	C.	4e	*Bosquier*.
Cadet-Roussel Hector.............	V.	3e	demi-droit pour *Merle*.
Cadet-Roussel homme de lettres....	C.	4e	*Rosny*.
Cadet-Roussel Maître d'École à Chaillot.......................	C.	4e	*Sidony*.
Cadet-Roussel Misantrope et Manon repentante...................	C.	4e	*Aude, Augustin Hapdé*.
Cadet-Roussel Professeur de déclamation.....................	C.	4e	*Aude*.
Cadet-Roussel, *ou le Café des Aveugles*....................	C.	3e	demi-droit pour *Aude*
Cadichon, *ou les Bohémiennes*.....	V.	3e	*Pujoulx*.
Café d'une petite ville (le)........	C.	3e	*Aude*.
Café Moka (le).................	V.	3e	*Brunet*, propriétaire.
Café Politique (le).............	C.	4e	demi-droit pr *Touchard*, propriétaire.
Cagliostro, *ou la Séduction*........	O.	1er	demi-droit pr *Révéroni de St.-Cyr, Dourlen*.
Caïn, *ou le Premier Crime*........	P.	1er	*Franconi jeune*.
Calas (Jean)...................	D.	1er	*Laya*.
Calas...........................	M.	1er	un quart du droit pr *Varez*.

Titres des Pièces.	Genres.	Classes.	Auteurs et quotité du droit.
Calcul de la vie (le)	C.	4e	Legros.
Calife de Bagdad (le)	O.	3e	St.-Just, Boieldieu.
Calife généreux (le)	B. P.	1re	Blache.
Callot à Nancy	V.	3e demi-droit pr	Dumolard.
Camille, ou le Souterrain	O.	1er demi-droit pr	Marsollier.
Camp de Sobieski (le), ou les Femmes vengées	O.	2e demi-droit pr	Kreutzer.
Canardin, ou le Quai de la volaille	C.	4e	Aude.
Candos, ou les Sauvages du Canada	O.	1re	Delrieu, Jadin.
Capitaine et le Bailly (le)	V.	3e demi-droit pr	de Nervaux.
Capitaine Muraire (le)	V.	3e	Bonel.
Caponet, ou l'Auberge supposée	V.	3e demi-droit pour	Chazet.
Caporal Schlag (le)	V.	3e	Sewrin, Chazet.
Caprices de Proserpine (les)	C.	3e	Pujoulx.
Caquets (les)	O.	3e	Vial, Berton fils.
Caravane du Caire (la)	O.	1re demi-droit pr	Morel-Chedeville.
Caricatures (les), ou chacun ses défauts	C.	4e	Hector Chaussier.
Carnaval de Venise (le)	B. P.	2e	Milon, Persuis, Kreutzer.
Carnaval de Venise (le)	B. P.	2e	Blache.
Caroline	V.	3e demi-droit pr	Ménissier.
Caroline et Storm	M.	1re Mad.	Leriche, Quaisain.
Carosse espagnol (le)	V.	3e deux tiers du droit pr	Année, Jouy.
Cassandre Aveugle, ou le Concert d'Arlequin	V.	3e demi-droit pour	Chazet.
Carte à payer (la), ou l'Aubergiste et le Bourguemestre	V.	3e un tiers du droit pr	Merle.
Cassandre Égoïste	V.	3e	Prévost d'Iray.
Cassandre tout seul	V.	3e	Dubois.
Cassette mystérieuse (la)	C.	4e	Bosquier.
Castel du lac (le), ou les Époux Piémontais	P.	1re	Cuvelier.
Catherine, ou la Bataille du Pruth	M.	1re	Boirie, Dubois.
Catherine de Courlande	M.	1re un douzième du droit pr	Quaisain.
Catherine de Stimberg	P.	2e demi-droit pr	Franconi jeune.
Catinat, ou la Bataille de Straffarde	M.	1re	Boirie.
Cause célèbre (la), ou l'Épouse enterrée vivante	D.	1re Mlle.	Hordé.
Cavalo-Dios, ou le Cheval génie	P.	1re	Cuvelier.
Caverne dans les Pyrénées, (la) ou les Miquelets	P.	1re	Cuvelier.
Caverne infernale (la)	O.	2e	Moline, Toméoni.

Titres des Pièces.	Genres.	Classes.	Auteurs et quotité du droit.
Cécile, *ou* la Reconnaissance	C.	3^e	*Souriguère.*
Cécilia	D.	2^e	*Sewrin.*
Cécilia et Almanzor, *ou* la Fée protectrice	M.	1^e	*Turmeau.*
Célestine et Faldoni, *ou* les Amans de Lyon	D.	2^e	*Augustin Hapdé.*
Célestine, *ou* Innocence et Amour	C.	1^e	*Boursault.*
Céline, *ou* l'Actrice,	V.	3^e	*Dupeuty, Villeneuve.*
Cendrillon des Écoles (la). (*voyez* le Tarif des priv.*)*			
Centaures (les), *ou* la Jeunesse d'Achille	P.	1^e	*Augustin Hapdé.*
Céphise, *ou* l'Erreur de l'Esprit.	C.	3^e	*Marsollier.*
C'est le Diable, *ou* la Bohémienne.	M.	1^e	*Cavelier.*
C'était moi.	C.	4^e	*Boursault.*
Chacun le sien	O.	3^e	*Touchard,* propriétaire.
Chacun son tour	O.	3^e	demi-droit pour *Justin.*
Chacun son numéro, *ou* le petit Homme gris	V.	3^e	deux tiers p^r *Boirie, Daubigny.*
Chambre à coucher (la)	O.	3^e	demi-droit pour *Guénée.*
Chambre à louer	C.	4^e	*Varez.*
Champagnac et Suzette	V.	3^e	*Chazet.*
Chanoine de Milan (le)	C.	3^e	*Alex. Duval.*
Chansonnier de la Paix (le)	V.	3^e	un tiers p^r *Guilbert de Pixerécourt.*
Chapelle des bois (la), *ou* le Témoin invisible	M.	1^e	*Guilbert de Pixerécourt.*
Chaperons et les loups (les)	V.	3^e	demi-droit pour *Dubois.*
Charades en action (les), *ou* la Soirée bourgeoise	V.	3^e	demi-droit pour *Sewrin.*
Charbonniers de la Forêt Noire (les).	C.	3^e	demi-droit pour *Sewrin.*
Charlatan (le), *ou* le Docteur Sobreton	C.	4^e	*Mercier.*
Charlatan (le), *ou* la Femme du sous-préfet.	V.	3^e	demi-droit pour *Sewrin.*
Charlatans (les)	O.	2^e	demi-droit pour *Foignet.*
Charles, *ou* les Dangers de l'Inconduite	M.	1^e	*Hubert, Quaisain.*
Charles Coypel, *ou* la Vengeance du Peintre	O.	3^e	*Léger, Jadin.*
Charles de France, *ou* Amour et Gloire	O.	2^e	demi-droit p^r *Boïeldieu et Hérold.*
Charles de Navarre	T.	1^e	*Brifaut.*
Charles XII et Pierre-le-Grand	O.	1^e	*Demeun, Chancourtois.*

Titres des Pièces	Genres.	Classes.	Auteurs et quotité du droit.
Charles le Téméraire, *ou le Siége de* Nancy.	M.	1ᵉ	*Guilbert de Pixerécourt.*
Charme de la voix (le).	O.	3ᵉ	deux tiers pᵉ *Loraux et Berton.*
Chasse aux loups (la).	V.	3ᵉ	*Sewrin.*
Chassomanie (la).	P.	3ᵉ	cinq sixièmes du droit pour *Aug. Hapdé.*
Chaste Suzanne (la).	B. P.	2ᵉ	*Blache.*
Chaste Suzanne (la).	M.	4ᵉ	un sixième du droit pᵉ *Taix.*
Chat botté (le), *ou le Marquis de* Carabas.	V.	2ᵉ	un tiers pour *Dubois.*
Chat botté (le).	M.	1ᵉ	*Cuvelier.*
Chat et la Rose (le).	C.	4ᵉ	*Boursault.*
Château de Béchérel (le), *ou la Petite guerre.*	V.	3ᵉ	deux tiers pᵉ *Courcy, Maris.*
Château de Chambord (le).	V.	3ᵉ	un tiers du droit pᵉ *Ménissier.*
Château de Duncan (le).	M.	1ᵉ	*Boullault.*
Château de Kenilvorth (le).	M.	1ᵉ	*Boirie, Frédéric, Lemaire.*
Château de Loch-Leven (le).	M.	1ᵉ	*Guilbert de Pixerécourt.*
Château de Paluzzi (le).	M.	1ᵉ	demi-droit pour *Boirie.*
Château d'If (le).	V.	3ᵉ	un tiers du droit pᵉ *Ménissier.*
Château infernal (le).	B. P.	2ᵉ	*Henri.*
Château de Pierre-Seise (le).	M.	1ᵉ	un sixième pᵉ *Quaisain.*
Château des Apennins (le).	M.	1ᵉ	*Guilbert de Pixerécourt.*
Château du Diable (le).	M.	1ᵉ	*Boursault*, propriétaire.
Château mystérieux (le).	M.	1ᵉ	*Defrenoy.*
Chaumière dans les bois (la).	C.	3ᵉ	*Touchard*, propriétaire.
Chaumière hongroise (la), *ou l'hospitalité.*	P.	3ᵉ	*Ferdinand.*
Chaumière du Mont-Jura (la).	M.	1ᵉ	*Frédéric, Maldan, Heudier.*
Chaumière et le Trésor (la).	V.	3ᵉ	*Guilbert de Pixerécourt.*
Chaumière Indienne (la).	P.	3ᵉ	*Augustin Hapdé, Roll.*
Chaumière Indienne, *ou le Paria.*	O.	3ᵉ	demi-droit pour *Gaveaux.*
Chef Ecossais (le), *ou la Caverne d'Ossian.*	P.	2ᵉ	*Cuvelier.*
Chefs Ecossais (les).	M.	1ᵉ	*Guilbert de Pixerécourt.*
Chemin de Berlin (le).	V.	3ᵉ	*Sewrin, Chazet.*
Cheminée enchantée (la).	P.	3ᵉ	cinq sixièmes du droit pᵉ *Frédéric.*
Chevalier français (le), *ou Tout pour l'amour.*	C.	1ᵉ	*Monvel, Comberousse-de-Monbrun.* (ouvrage posthume).
Chevalier de Senange (le).	O.	1ᵉ	trois-quarts pour *Berton.*
Chevalier d'industrie (le).	C.	1ᵉ	*Alex. Duval.*
Chevalier noir (le).	M.	1	*Cuvelier.*

Titres des Pièces.	Genres.	Classes.	Auteurs et qualité du droit.
Clodomire, *ou la Prêtresse d'Irminsul*.	M.	1°	*Henri Lemaire, Noël.*
Cloison (la), *ou beaucoup de peine pour rien*.	C.	5°	*Bellin.*
Cloison (la), *ou la Nuit espagnole*.	C.	2°	*Guilbert de Pixerécourt.*
Cloison (la), *ou la Maison vide occupée*.	C.	2°	*Boursault.*
Clovis.	T.	1°	*Viennet.*
Cloyère d'huîtres (la).	V.	3°	deux tiers du droit p' *Courcy* et *Merle.*
Club des Sans-souci (le).	V.	3°	*Révérony de Saint-Cyr.*
Clytemnestre.	T.	1°	*Alex. Soumet.*
Cœlina, *ou l'Enfant du mystère*.	M.	1°	*Guilbert de Pixerécourt.*
Cœlina.	M.	1°	*Henri Lemaire.*
Coco-Pépin, *ou les Étrennes*.	V.	3°	*Sewrin, Chazet.*
Code et l'amour (le).	V.	3°	deux tiers p' *Simonin, Merle.*
Codicile (le), *ou les Héritiers*.	V.	3°	*Cuvelier.*
Coffre de fer (le).	P.	1°	*Cuvelier, Léopold.*
Coin du feu (le).	O.	3°	*de Favières, Jadin.*
Colin et Jeannot, *ou les Auvergnats*.	B. P.	1°	*Gilbert (J.-B.).*
Colin-d'Harleville aux Champs-Elysées.	V.	3°	*Aude* neveu, *Décour, Defresnoy, Maldan.*
Colombine Gilles.	V.	3°	*Lamarque, Châteauvieux.*
Colombine toute seule.	V.	3°	deux tiers p' *Philibert, Martys.*
Colonel (le), *ou l'Honneur militaire*.	O.	3°	demi-droit p' *Alex. Duval.*
Colosse de Rhodes (le).	M.	1°	*Augustin Hapdé, Alex. Piccinni.*
Comédie sans Acteurs (la).	C.	4°	*Bernard-Valville.*
Comédiens (les).	C.	1°	*Casimir Delavigne.*
Comédien d'Étampes (le).	V.	3°	demi-droit pour *Sewrin.*
Comédiens aux Andelys (les).	V.	3°	*Saintine, Ancelot.*
Comédiens au Caire (les).	V.	3°	demi-droit p' *Chazet, Léger.*
Comédiens d'une petite ville (les).	C.	4°	demi-droit pour *Chazet.*
Comète (la).	V.	3°	*Hector Chaussier.*
Comment faire?	V.	3°	demi-droit pour *Jouy.*
Commères (les).	V.	3°	*Sewrin, Chazet.*
Commissionnaire (le), *ou le bon Enfant*.	O.	3°	demi-droit p' *Marsollier.*
Commissionnaires (les), *ou Récompense honnête*.	V.	3°	*Chazet, Ourry.*
Communauté de Copenhague (la).	O.	3°	demi-droit p' *Jadin.*
Complimens au Public (les).	V.	3°	demi-droit pour *Dubois.*

Titres des Pièces.	Genres.	Classes.	Auteurs et quotité du droit.
Chevalière d'Éon (la), *ou les Pa-rieurs anglais*	V.	3e	demi-droit pour *Ourry*.
Chevalière d'Éon (la)	V.	3e	un tiers pour *Simonin*.
Chevaliers de la Table ronde (les)	P.	1er	*Cuvelier*.
Chevaliers de Jérusalem (les)	P.	1er	*Augustin Hapdé*, *Roll*.
Chevaliers de Malte (les), *ou l'Am-bassade à Alger*	M.	1er	sept douzièmes pour *Dubois*.
Chevaliers du Lion (les)	M.	1er	Mad. *Bawr*.
Chien de Montargis (le), *ou la Forêt de Bondy*	M.	1er	*Guilbert de Pixerécourt*.
Chinois (les). (*voyez Koulouf.*)			
Childéric	T.	1er	*Delaville*.
Choix d'un état (le)	C.	4e	*Lalanne*.
Christophe Colomb, *ou la Décou-verte du Nouveau-Monde*	M.	1er	*Guilbert de Pixerécourt*.
Christophe Dubois	V	3e	*Léger*.
Ci-devant jeune femme (la)	V.	3e	demi-droit pour *Clozet*.
Ci-devant jeune homme (le)	C.	4e	demi-droit pour *Merle*.
Cimarosa	O.	2e	demi-droit pour *Bouilly*.
Cincinnatus	T.	1er	*Arnault, père*.
Cinquantaine (la)	O.	2e	*Faur*.
Citerne (la)	M.	1er	*Guilbert de Pixerécourt*.
Clara, *ou le Malheur et la Cons-cience*	M.	1er	*Hubert*, *Alex. Piccinni*.
Clarence, *ou la Femme singulière*	C.	4e	*Levasseur*.
Clari, *ou la Promesse de Mariage*.	B. P.	1er	*Milon*, *Kreutzer*.
Clarice, *ou la Femme précepteur*	M.	1er	Mad. *Barthélemy Hadot*, **Taix**.
Clarice et Faldoni	D.	2e	*Jars*.
Clarice et Lovelace, *ou le Suborneur*.	P.	1er	*Henri Blanchard*, *Franconi*.
Claudine	O.	3e	demi-droit pour *Vial*.
Claudine, *ou le petit Commission-naire*	O.	3e	demi-droit pour *Brunet*.
Claudinet, *ou les Absens ont tort*	O.	2e	*Sewrin*, *Jadin*.
Claudinet, *ou le Premier venu en-graine*	C.	4e	*Bosquier*.
Clef forcée (la)	V.	3e	demi-droit pour *Léger*.
Clémence d'Entragues	M.	1er	*Caffin-Rosny*, *Taix*.
Clémence et Formose	M.	1er	demi-droit pr *Châteauvieux*.
Clémence et Waldemar	D.	2e	*Pelletier-Volmérange*.
Clémentine, *ou la Belle-Mère*	O.	3e	demi-droit pour *Vial*.
Cloche (la), le Tambour et le Tam-bourin	V.	3e	demi-droit pour *Sewrin*.
Clochette (la), *ou le Diable page*	O.	5e	demi-droit pour *Hérold*.

Titres des Pièces.	Genres.	Classes.	Auteurs et quotité du droit.
Contes (les) d'Ossen	M.	1e	Mircourt, Quaisain et Renat.
Comte de Waltron (le)	C.	1e	Moline.
Comtes de Hombourg (les)	M.	1e	un sixième du droit pr *Taix.*
Comtesse de Lamark (la), ou Tout par amour	O.	1e	un quart du droit pr *Révéroni de Saint-Cyr.*
Comtesse de Narbonne (la)	M.	1e	*Pelletier-Volmeranges, Alex. Piccinni.*
Comtesse Troïn (la)	O.	1e	demi-droit pr *Guénée.*
Concert d'amateurs (le)	V.	3e	deux tiers pr *Chazet, Dubois.*
Concert aux Champs-Elysées (le)	V.	3e	demi-droit pr *Chazet.*
Concert interrompu (le)	O.	3e	*Marsollier, de Favière, Berton.*
Confiance dangereuse (la)	C.	3e	*Lachabeaussière.*
Confidence pour Confidence	C.	4e	*Boirie, de Rhedon.*
Confidences (les)	O.	2e	demi-droit pour *Jars.*
Confident par hasard (le)	C.	3e	*Faur.*
Congé (le), ou la Veille des Noces.	V.	3e	demi-droit pour *Justin.*
Connaisseur (le)	C.	2e	*Marsollier.*
Connétable de Clisson (le)	O.	1e	*Aignan, Porta.*
Connétable Duguesclin (le)	M.	1e	*Boirie, Léopold.*
Conradin et Frédéric	T.	1e	*Liadières.*
Constance et Théodore, ou la Prisonnière	O.	2e	*Marsollier, Kreutzer.*
Contrariant (le)	C.	2e	*Pradel.*
Contrat signé d'avance (le)	O.	3e	demi-droit pr *Ligier.*
Contre épreuve (la)	C.	4e	*Piquet.*
Contribution militaire (la)	C.	4e	*Boursault.*
Coq de village (le) (*Th. Feydeau*).	O.	3e	demi-droit pr *Kreubé.*
Coq de village (le) (*Th. du Vaudeville*)	V.	3e	deux neuvièmes du droit pr *Décour.*
Coq de village (le) (*Th. des Variétés*)	V.	3e	deux tiers pr *Ourry, Chazet*
Coq de village (le) (*Porte St.-Martin*)	V.	2e	deux tiers pour *Courcy.*
Coq de village (le) (*Th. Ambigu*)	V.	3e	un tiers pour *Décour.*
Coqs-à-l'âne (les)	V.	3e	*Léger.*
Coquettes rivales (les)	C.	1e	*Lantier.*
Coquettes de village (les)	V.	3e	*Chazet, Simonin.*
Cora	O.	1e	demi-droit pour *Méhul.*
Cora et Alonzo	O.	1e	demi-droit pr *Berton.*
Coraline, ou l'École du Théâtre	C.	4e	*Béraud.*
Corali, ou les Français au Canada.	MM.	2e	demi-droit pour *Cuvelier*
Corbeaux accusateurs (les), ou la Forêt de Cercotte	M.	1e	un sixième du droit pr *Al. Piccinni.*

Titres des Pièces.	Genres.	Classes.	Auteurs et quotité du droit.
Corbeille d'oranges (la), *ou le Page de Schœnbrunn*	V.	3e	un tiers pour *Merle*.
Corisandre, *ou la Rose magique*	O.	1er	*Ancelot, Saintine, Berton*.
Corneille au Capitole	C.	3e	*Aude*.
Corsaire (le)	O.	1er	demi-droit pr *Lachabeaussière*.
Corsaires pour rire (les)	V.	3e	deux tiers pour *Courcy*.
Cosme de Médicis	M.	1er	demi-droit pr Mad. *Barthélemi Hadot, Quaisain*.
Côte-Rotie (la), *ou Amour et Hasard*.	V.	3e	deux tiers pour *Simonin*.
Coup d'épée (le)	O.	3e	demi-droit pr *Duval, St.-Chamans*.
Coureur d'héritages (le)	C.	2e	*Justin*.
Courrier de Naples (le)	M.	1er	*Boirie, Daubigny, Poujol*.
Courte et bonne. (*voyez* M. Grégoire).			
Courses de New-Market (les)	O.	3e	*Jouy, Merle, Struntz*.
Cousin de Danières (le)	C.	2e	*Sewrin*.
Cousin pour rire (le)	V.	3e	*Augustin Hapdé*.
Cousine Albert (la)	C.	2e	*Dorvo*.
Coutelier de Bagdad (le)	O.	3e	demi-droit pour *Foignet*.
Coutume Ecossaise (la), *ou le Mariage sur la frontière*	V.	3e	demi-droit pr *Leblanc Deferrière*.
Couvent (le)	C.	3e	*Pujoulx*.
Créanciers (les), *ou le Remède à la goutte*	O.	1er	demi-droit pour *Vial*.
Crescendo (le)	O.	3e	*Sewrin, Chérubini*.
Crillon et Bussy d'Amboise	V.	3e	un tiers du droit pr *Gentilhomme*.
Criquet, *ou l'Arlequin par occasion*.	V.	3e	*Sewrin*.
Cris de Paris (les)	V.	3e	*Sewrin, Chazet*.
Cris de Paris (les)	V.	3e	un tiers pour *Simonin*.
Crispin financier	V.	3e	*Ourry, Merle*.
Croque-Mitaine, *ou le Don Quichotte de Noisy-le-Sec*	V.	3e	un quart pour *Merle*.
Croûton dans son ménage, *ou un Dîner d'artiste*	V.	3e	un tiers du droit pour *Merle*.
Cuirassier (le)	P.	1er	*Ponet, Franconi*.
Curieuse (la)	V.	3e	*Touchard*, propriétaire.

D.

Titres des Pièces.	Genres.	Classes.	Auteurs et quotit. du droit.
Daco, *ou* les Mendians d'Espagne..	M.	1e	*Cuvelier.*
Dame du Lac (la), *ou* l'inconnu....	P.	1er	*Franconi* je.
Dame invisible (la).....	V.	3e	*Chatenuvieux.*
Dame noire (la).....	C.	2e	*Aubigny, Poujol.*
Dames de Bordeaux (les).....	V.	5e	un tiers pour *Merle.*
Damoisel et Bergerette.....	P.	1e	*Cuvelier.*
Dangers de l'opinion (les).....	D.	1e	*Laya.*
Dauger des conseils (le).....	V.	5e	*Léger.*
Daniel, *ou* la Fosse aux lions.....	M.	1e	*Frédéric.*
Danseur éternel (le), *ou* la Tarentule.....	B. V.	3e	*Clément.*
Dansomane (le).....	B. P.	1e	*Blache.*
Dansomanie (la).....	B. P.	2e	*Gardel.*
Dans quel siècle sommes-nous?....	V.	3e	demi-droit pe *de Jouy.*
Daphnis et Chloé.....	B. P.	1e	*Blache.*
Daphnis, *ou* le Parjure.....	B. P.	3e	*Blache.*
Daphnis et Pandrose.....	B. P.	2e	*Gardel.*
Débiteur (le).....	C.	5e	*Faur.*
Dédit mal gardé (le).....	V.	3e	*Léger.*
Défi (le).....	O.	2e	*Delrieu, Jadin.*
Déjeûner à l'anglaise (le).....	V.	3e	*Boullault.*
Délateur par vertu (le).....	M.	1e	*Taylor.*
Délia et Verdikan.....	O.	3e	demi-droit pour *Berton.*
Délire (le), *ou* les suites d'une Erreur.	O.	3e	*Révérony de St-Cyr, Berton.*
Délire de Jobet (le).....	C.	3e	*Hector Chaussier, Châteauvieux.*
Delphis et Mopsa.....	O.	2e	demi-droit pour *Guy.*
Demande imprévue (la), *ou* le Bal et le Souper.....	C.	2e	*Mercier.*
Démétrius.....	T.	1e	*Delrieu.*
Demoiselle et la Dame (la).....	V.	3e	un tiers pour *Courcy.*
Démophon.....	O.	1e	demi-droit pe *Chérubini.*
Démophon.....	O.	1e	demi-droit pe *Desriaux.*
Désastre de Lishonne (le).....	M.	1e	*Bouilly.*
Descartes (René).....	C.	3e	*Bouilly.*
Deschalumeaux (Monsieur).....	O.	1e	demi-droit pe *Gaveaux.*
Déserteur (le).....	D.	1e	*Mercier.*
Déserteur (le).....	B. P.	1e	*Gardel.*
Destouches, *ou* le Philosophe marié.	V.	3e	un tiers du droit pe *Justin.*
Deuil Prématuré (le).....	C.	4e	*Monvel* fils.

Titres des Pièces.	Genres.	Classes.	Auteurs et quotité du droit.
Deux Angola (les)	V.	3e	Léger, Chazet.
Deux Ans d'absence	V.	3e	un tiers pr Chazet.
Deux Aveugles (les)	V.	3e	demi-droit pr Courcy.
Deux Aveugles de Tolède (les)	O.	3e	Marsollier, Méhul.
Deux Baptêmes (les), ou Trois bienfaits pour un	V.	3e	Dubois.
Deux Bavards (les)	C.	4e	Ponet.
Deux Boxeurs (les)	V.	3e	un quart du droit pr Simonin.
Deux Candidats (les), ou la Fausse modestie	C.	2e	Onésime le Roy.
Deux Coffrets (les)	M.	2e	Cuvelier.
Deux Colons (les)	C.	4e	Aude.
Deux Contrats (les)	C.	4e	Prévost,
Deux Cousins (les)	O.	2e	demi-droit pr Guillet.
Deux Créoles (les)	B. P.	1e	Aumer, Darondeau.
Deux Coups de Sabre (les)	M.	1e	Béraud, Puysaie.
Deux Diligences à Joigny (les)	C.	4e	Bonel.
Deux Emilie (les)	C.	3e	Dejaure jeune.
Deux Enfants pour un	M.	2e	Moline.
Deux Epouses (les)	C.	1e	Delauvre.
Deux Espiègles (les)	V.	3e	Chéron jeune, Bellin.
Deux Fermiers (les) de la forêt de St-Vallier	M.	1e	deux tiers pr Ménissier, P. Dubois.
Deux Filles pour une	C.	2e	Dejaure jeune.
Deux Forçats (les), ou la Meunière du Puy-de-Dôme	M.	1e	deux tiers pr Boirie, Poujol.
Deux Forçats (les) (Th. du Panorama)	V.	3e	Ferdinand Laloue, Ménissier, E. Renault.
Deux Forteresses (les)	M.	1e	sept douzièmes pr Charrin, Quaisain.
Deux Français à Naples (les)	C.	2e	J Piccinni.
Deux Francs-Maçons (les)	D.	2e	Pelletier-Volméranga.
Deux Frères (les)	D.	3e	Milcent.
Deux Fugitifs (les)	C.	3e	demi-droit pr Varez.
Deux Gilles (les)	B. P.	3e	Baudry.
Deux Henriette (les)	V.	3e	Prévost-d'Iray.
Deux Hermites (les)	O.	3e	demi-droit pr Gaveaux.
Deux Hermites (les)	V.	3e	demi-droit pr Ménissier.
Deux Hussards (les)	C.	3e	Delrieu.
Deux Ingénues (les), ou l'île des Noirs	V.	3e	un tiers du droit pour Saintine.
Deux Issues	O.	3e	Dorvo, Al. Piccinni.
Deux Ivrognes (les)	O.	3e	Sewrin, Quaisain.

Titres des Pièces.	Genres.	Classes.	Auteurs et quotité du droit.
Deux Jaloux (les)	O.	3e	*Vial*, Madame *Gail*.
Deux Jockeys (les)	O.	3e	*Davrigny*, *Gaveaux*.
Deux Journalistes (les)	V.	3e	*Léger*, *Chazet*.
Deux Journées (les)	O.	1e	*Bouilly*, *Chérubini*.
Deux Klingsberg (les)	C.	1e	*Boursault*.
Deux Magots de la Chine (les)	V.	3e	*Sewrin*.
Deux Macbeth (les), *ou l'Apothéose de Ducis*	V.	3e	*Dubois*.
Deux Mariages (les)	V.	3e	un sixième du droit pour *Merle*.
Deux Morts qui se volent (les)	O.	3e	demi-droit pour *Porta*.
Deux Mots, *ou une Nuit dans la Forêt*	O.	3e	demi-droit pour *Marsollier*.
Deux Nuits (les), *ou les Stratagèmes de l'Amour*	O.	2e	*Coffin-Rosny*, *Béraud*, *Leblanc*.
Deux Ormeaux (les)	V.	3e	Mad *Barthélemy Hadot*.
Deux Parisiens (les), *ou le Tirage au sort*	V.	3e	*Sewrin*.
Deux Peintres (les), *ou Vandick et Halls*	V.	3e	*Ancelot*.
Deux Pères pour un	V.	5e	*Augustin Hapdé*.
Deux Perruques (les)	C.	4e	*Bernard-Valville*.
Deux petits Savoyards (les)	O.	3e	demi-droit pour *Marsollier*.
Deux pour Un	V.	3e	demi-droit pour *Chazet*.
Deux Rôles (les)	V.	3e	*Sewrin*.
Deux Sentinelles (les)	O.	3e	demi-droit pour *Berton*.
Deux Sergens (les)	M.	1e	*Daubigny*, *Maillard*.
Deux Sergens (les) ou la Parole d'honneur	C.	4e	demi-droit pour *Ménissier*.
Deux Sophie (les)	D.	1e	*Aude*.
Deux Sous-Lieutenans (les)	O.	3e	de *Favieres*, *Berton*.
Deux Statues (les)	O.	3e	*Milcent*, *Porta*.
Deux Tableaux parlans (les)	C.	4e	*Bernard Valville*.
Deux Valets (des)	C.	4e	*Guilbert de Pixerécourt*.
Devoir et la Nature (le)	D.	1e	*Pelletier-Volmérange*.
Dévouement filial (le)	C.	2e	*Bernard Valville*.
Diable boiteux (le)	V.	3e	*Favart fils*.
Diable couleur de rose (le)	O.	3e	*Leurier de Champ-Rion*, *Gaveaux*.
Diable en vacances (le)	O.	3e	trois quarts pr *Bosquier*, *Gaveaux*.
Diane et Endymion	O.	3e	*Moline*.
Diane et Endymion	B. P.	3e	*Blache*.
Diane, *ou la Prude*	B. P.	3e	*Blache*.
Diane et les Satyres, *ou une Vengeance de l'Amour*	P.	2e	*Franconi jeune*.
Diderot, *ou le Voyage à Versailles*	C.	4e	*Aude*.

Titres des Pièces.	Genres.	Classes.	Auteurs et quotité du droit.
Dieu, l'Honneur et les Dames	M.	1ᵉ	Cuvelier, Théodore.
Dieux rivaux (les)	O.	3ᵉ	trois quarts du droit pᵉ Brifaut, Berton, Kreutzer, Persuis et Spontini.
Diligence attaquée (la), ou l'Auberge des Cévennes	M. M.	1ᵉ	trois quarts pᵉ Ferdinand Laloue, Ménissier, Renault.
Dîner d'emprunt (le)	V.	3ᵉ	un quart pour Décour.
Directeur de Village (le)	O.	3ᵉ	demi-droit pour Foignet.
Doge de Venise (le)	M.	2ᵉ	A. Goury, F. Polanchet.
Dona Bella, ou les Folies sentimentales	P.	2ᵉ	Hullin, Taix.
Don Carlos	O.	1ᵉ	demi-droit pᵉ Léger, Dutremblay.
Don Juan	O.	1ᵉ	droit entier pour Castil-Blaze
Don Juan (en 4 actes)	O.	1ᵉ	Perlet, propriétaire.
Don Juan (en 3 actes)	O.	1ᵉ	demi-droit pour Thuring, Baillot.
Dorat et Colardeau	C.	4ᵉ	Dubois.
Dot de Suzette (la)	O.	3ᵉ	demi-droit pour Boieldieu.
Double Fête (la)	V.	3ᵉ	demi-droit pour Vial, Bélurgey.
Double Fête (la)	V.	3ᵉ	Chazet, Ourry.
Double Fête au village (la)	B. P.	3ᵉ	Blache.
Double Leçon (la), ou la Méprise volontaire	O.	3ᵉ	demi-droit pour Alex. Duval.
Double Méprise (la)	C.	4ᵉ	Chazet.
Double Stratagème (le)	C.	4ᵉ	Mad. Bawr.
Double Surprise (la)	V.	3ᵉ	Hector Chaussier.
Douvres et Calais	V.	2ᵉ	un tiers du droit pour Ménissier.
Douze Mois (les)	B. P.	3ᵉ	Blache.
Dragées (les)	V.	3ᵉ	Dubois.
Drôle de Corps (le)	C.	4ᵉ	Sewrin.
Dubelloy, ou les Templiers	V.	3ᵉ	demi-droit pour Chazet.
Duc de Craon (le), ou le Ministre français	M.	1ᵉ	un tiers pour Dubois.
Duc de Montmonth (le)	M.	1ᵉ	demi-droit pour Leblanc.
Duègue et le Valet (la)	V.	2ᵉ	Sewrin, Chazet.
Duel et le Baptême (le)	M.	1ᵉ	deux tiers du droit pᵉ Boirie, Merle.
Duel par procuration (le)	V.	3ᵉ	deux tiers pour Courcy.
Duel comique (le)	O.	2ᵉ	demi-droit Pour Moline.
Duel de Bambin (le)	O.	3ᵉ	demi-droit pour Toméoni.

E.

Titres des Pièces.	Genres.	Classes.	Auteurs et quotité du droit.
Eau anti-scorbutique (l')	V.	3e *Bellin , Bonel.*
Eaux du Mont-d'Or (les)	V.	3e deux tiers p^r *Courcy , Saintine.*
Ecarté (l'), *ou* le Lendemain d'un Bal.	V.	3e deux tiers p^r *Ourry , Chazet.*
Echelle de soie (l')	O.	3e demi-droit pour *Gaveaux.*
Echo et Narcisse	O.	3e demi-droit pour *Berton.*
Eclipse de Lune (l')	V.	3e *Lachabeaussière.*
Eclipse totale (l')	O.	3e demi-droit p^r *Lachabeaussière.*
Ecole des Epouses (l')	D.	2e *Bernard Valville.*
Ecole des Juges (l')	D.	2e *Dubois.*
Ecole de la Médisance (l')	C.	1e *Boursault.*
Ecole des Gourmands (l')	V.	3e un tiers pour *Chazet.*
Ecole des Parvenus (l')	O.	3e demi-droit pour *Pujoulx.*
Ecole de Village (l')	V.	3e *Sewrin.*
Ecolier en vacances (l')	O.	3e demi-droit pour *Jadin.*
Ecoliers en vacances (les)	B.P.	1e *Jacquinet , A. Piccinni.*
Ecu de six francs (l'), *ou* l'Héritage.	V.	3e *Sewrin , Chazet.*
Edgar, *ou* la Chasse aux Loups	M.	1e un sixième pour *Quaisain.*
Edgar et Nina	O.	3e *Milcent , Porta.*
Edmond , *ou* Imprudence et Perfidie.	M.	1e un douzième p^r *Quaisain.*
Edmond et Caroline , *ou* la Lettre et la Réponse. (Ouvrage posthume).	O.	3e feu *Marsollier , Frédéric Kreubé.*
Edouard	O.	3e Mad. *Lesparat, Jadin.*
Edouard en Ecosse	D.	2e *Alex. Duval.*
Edouard et Adèle , *ou* l'Indifférence par amour	V.	3e *Dubois.*
Edouard et Sophie	M.	1e *Châteauvieux.*
Egyptien à Paris (l')	V.	3e demi-droit p^r *Hector Chaussier.*
Eléonore de Lusignan	M.	1e sept douzièmes p^r *Leblanc de Fer- rière , Quaisain* et *Renat.*
Elfride , *ou* la Vengeance	M.	1e *Antier , Deslandes.*
Elisa , *ou* le Triomphe des Femmes.	M.	1e *Coffin-Rosny , Leblanc.*
Elisa ; *ou* le Voyage au Mont St.-Bernard	O.	2e *Révéroni de St.-Cyr , Chérubini.*
Elisabeth, *ou* les Exilés en Sybérie	M.	1e *Dorvo, A. Piccinni.*
Elisabeth du Tyrol	M.	1e *Augustin Hapdé.*
Elisca , *ou* l'Amour maternel	O.	1e un quart du droit p^r *de Favières.*
Elise et Merval	C.	2e *Hennequin.*
Elise-Hortense , *ou* les Souvenirs de l'enfance	O.	3e demi-droit p^r *Marsollier.*
Elève de la nature (l')	C.	3e *Vial.*

Titres des Pièces.	Genres.	Classes.	Auteurs et quotité du droit.
Elodie, *ou* la Vierge du Monastère avec un Prologue.	M.	1ᵉ	un quart pour *Varez*.
Elle est à moi.	V.	3ᵉ	*Charrin*.
Elvérine de Wertheim.	M.	1ᵉ	*Lamey*, *A. Piccinni*.
Elzamir-Benascar et Benascar-Elzamir.	V.	1ᵉ	un douzième pour *Quaisain*.
Emilie et Melcour.	O.	3ᵉ	*Hennequin*, *Lebrun*.
Emilie, *ou* les Femmes.	V.	3ᵉ	*Dubois*.
Emma, *ou* la Promesse imprudente.	O.	1ᵉ	demi-droit pour *Auber*.
Empire de la Folie, (l') *ou* l'Apothéose de Don-Quichotte.	P.	1ᵉ	*Cuvelier*.
Emprunt forcé (l').	V.	3ᵉ	*Léger*, *Chazet*.
Encore des Savoyards.	C.	3ᵉ	*Pujoulx*.
Encore un Pied.	V.	3ᵉ	*Touchard*, propriétaire.
Enfans du Bûcheron (les).	M.	1ᵉ	sept douzièmes pʳ *Henri Lemaire*, *Al. Piccinni*.
Enfans Maîtres, (les).	V.	3ᵉ	*Amédée Labesse*.
Enfant de Mars et de Flore (l').	P.	3ᵉ	*Augustin Hapdé*, *Roll*.
Enfant du Malheur (l').	M.	1ᵉ	*Cuvelier*.
Enfant du Mystère. (l') (*voyez* Cœlina.)			
Enfant et le Grenadier (l').	P.	3ᵉ	un sixième pʳ *A. Piccinni*, *Darondeau*.
Enfant et la Poupée (l'), *ou* le Masque d'airain.	M.	1ᵉ	un sixième pour *Leblanc*.
Enfant prodigue (l').	O.	1ᵉ	*Riboutté*, *Souriguère*, *Gaveaux*.
Enfant prodigue (l').	M.	1ᵉ	*Cuvelier*, *Augustin Hapdé*.
Enfant prodigue (l').	V.	3ᵉ	demi-droit pour *Ourry*.
Enfant prodigue (l').	B. P.	1ᵉ	*Gardel*.
Enfant proscrit (l'), *ou* Amour et Orgueil.	P.	1ᵉ	*Augustin Hapdé*.
Enlèvement (l'), *ou* Léonore de Volmar.	M.	1ᵉ	un sixième du droit pʳ *Quaisain*.
Enfant du régiment (l').	V.	3ᵉ	demi-droit pour *Dubois*.
Enlèvement d'Hélène (l').	P.	1ᵉ	*Augustin Hapdé*, *Leblanc*.
Enfant venu par la fenêtre (l').	M.	1ᵉ	un sixième du droit pᵉ *Quaisain*.
Enlèvement des Sabines (l').	B. P.	1ᵉ	*Milon*, *Berton*.
Enlèvement singulier (l').	C.	3ᵉ	*Boursault*.
Ennemi des Modes (l'), *ou* la Maison de Choisy.	C.	2ᵉ	*Guilbert de Pixerécourt*.
Ennui en goguettes (l').	V.	3ᵉ	*Grosnier* (*Edmond*).
Enseigne (l').	V.	3ᵉ	*Hector Chaussier*, *Châteauvieux*.
Entrée de Henri IV à Paris (l').	P.	2ᵉ	*Cuvelier*, *Franconi jeune*.
Envieux (l').	C.	1ᵉ	*Dorvo*.
Epée et le Billet (l').	C.	4ᵉ	*Sewrin*.
Epicière bel-esprit (l').	V.	3ᵉ	*Bernard Valville*, *Gosse*.

Titres des Pièces.	Genres.	Classes.	Auteurs et quotité du droit.
Epicure	O.	1e	demi-droit pr *Méhul*, *Chérubini*.
Epigramme (l')	C.	1e	*Boursault*.
Eponine et Sabinus	O.	1e	demi-droit pour *Vial*.
Epoux indiscrets (les), *ou le Danger des confidences*	O.	3e	trois quarts du droit pr *Saint-Yon*, *Benin-Cory*.
Epoux déguisé (l')	O.	3e	*Gosse*, *Bruni*.
Epoux de trois jours (les)	V.	3e	demi-droit pour *Ourry*.
Epoux généreux (l')	O.	3e	demi-droit pour *Dejaure* jeune.
Epreuve par ressemblance (l')	C.	4e	*Gosse*.
Epreuve villageoise (l')	B. P.	2e	*Milon*, *Persuis*.
Epreuves (les)	V.	3e	demi-droit pour *Ragueneau*.
Equitomanie (l')	P.	2e	*Moussard*.
Ermite et la Pèlerine (l')	V.	3e	deux tiers pour *Courcy*, *Merle*.
Ermites (les)	V.	3e	un sixième pour *Edmond Crosnier*.
Erreur reconnue (l')	D.	2e	demi-droit pour *Année*.
Erreur et Sympathie, *ou la Double Illusion*	M.	1e	*Hubert*, *Quaisain*.
Esclave (l')	O.	3e	*Gosse*, *Bruni*.
Espagnols dans la Floride (les)	P.	1e	*Cuvelier*.
Espagnols au Paraguai (les)	M.	1e	*Charrin*.
Espiègleries de l'amour (les), *ou les Amans villageois*	B. P.	3e	*Gilbert*, (*J. B.*)
Esprit de Parti (l')	C.	1e	*Onésime Leroy*, *Bart*.
Estelle	O.	1e	demi-droit pour *Persuis*
Estelle et Némorin	O.	2e	demi-droit pour *Quaisain*.
Estelle et Némorin, *ou les Bergers de Masanne*	P.	1e	*Dubois*, *Hullin*, *Darondeau*.
Esther	M.	1e	un sixième pour *Leblanc*.
Etienne Flutayot	C.	4e	*Aude*.
Etude sens dessus dessous (l'), *ou les Clercs en goguettes*	V.	3e	demi-droit pour *Merle*.
Etrennes à contre sens (les)	V.	3e	un tiers du droit pour *Merle*.
Eugène	O.	1e	*Davrigny*, *Berton*.
Euphrosine et Coradin	O.	1e	demi-droit pour *Méhul*.
Eustache de St.-Pierre, *ou le Siége de Calais*	M.	1e	*Hubert*.
Exil de Rochester (l')	V.	3e	demi-droit pour *Dumolard*.
Expédieus (les)	V.	3e	demi-droit pour *Dumolard*.
Extravagance de la vieillesse (l')	O.	2e	demi-droit pour *Eugène Hus*.

F.

Titres des Pièces.	Genres.	Classes.	Auteurs et quotité du droit.
FALKLAND	D.	1* *Laya.*	
Fagotier (le)	V.	3* *Sewrin , Ourry.*	
Famille Américaine (la)	O.	3* demi-droit pour *Bouilly.*	
Famille d'Anglade (la), *ou* le Vol.	M.	1* sept douzièmes du droit p* *Frédéric, Alex. Piccinni.*	
Famille d'Armincourt (la) *ou* les Voleurs	P.	2* *Franconi* jeune , *Camel.*	
Famille des Guignons (la)	V.	5* *Champfeu (Alphonse.)*	
Famille des Innocens (la)	V.	3* *Sewrin , Chazet.*	
Famille des Innocens (la)	B. P.	3* *Duport.*	
Famille Irlandaise (la)	M.	1* un quart pour *Varez.*	
Famille des Lurons (la)	V.	3* *Sewrin , Chazet.*	
Famille des Lurons (la)	B. P.	2* *Roger.*	
Famille Indigente (la)	O.	3* demi-droit pour *Gaveaux.*	
Famille Juive (la)	M.	1* *Touchard,* propriétaire.	
Famille Mélomane (la)	V.	3* *Ourry , Chazet.*	
Famille Portugaise (la)	M.	1* Mad. *Belfort.*	
Famille réunie (la)	O.	2* *Favart fils, Chapelle.*	
Famille Savoyarde (la)	P.	1* *Civelier.*	
Famille Sirven (la)	M.	1* *Frédéric , Dubois.*	
Famille Suisse (la)	O.	3* *St.-Just, Boieldieu.*	
Famille Vénitienne (la)	M.	1* *Frédéric.*	
Fanal de Messine (le)	M.	1* *Guilbert de Pixerécourt.*	
Fanchon la Vielleuse	V.	1* demi-droit pour *Bouilly.*	
Fanchon de retour dans ses montagnes	V.	1* demi-droit p* *Touchard,* propriétaire.	
Fanchon toute seule	V.	3* *Ponet.*	
Fanfan et Colas	O.	3* deux tiers p* *Jadin fils , Jadin père.*	
Fanfan la Tulipe	V.	3* *Frédéric , Dubois.*	
Faniska	O.	1* *Guilbert de Pixerécourt , Chérubini.*	
Fanny Morna	O.	1* *De Favières , Persuis.*	

Titres des Pièces.	Genres.	Classes.	Auteurs et quotité du droit.
Faublas de Villers-Cotterets (le)	V.	5ᵉ	*Ourry.*
Faubourg Saint-Antoine (le) au Boulevard du Temple	V.	3ᵉ	demi-droit pour *Varez.*
Faubouriens de Paris (les), *ou* la Fête du peuple	V.	3ᵉ	demi-droit pour *Dubois.*
Fausse clef (la), *ou* les Deux fils	M.	1ᵉ	*Frédéric, Pélissier de Laqueyrie.*
Fausse Correspondance (la)	C.	4ᵉ	*Legros.*
Fausse Isaure (la)	M.	1ᵉ	*Ponet.*
Fausse Marquise (la)	M.	1ᵉ	*Dubois.*
Fausse Mère (la)	M.	1ᵉ	un sixième pour *Leblanc.*
Fausse Mère (la)	D.	1ᵉ	*Richer.*
Fausse Princesse (la), *ou* la Biche aux bois	M.	1ᵉ	*Frédéric.*
Faux Alexis (le), *ou* le Mariage par vengeance	M.	1ᵉ	un sixième pᵉ *Quaisain, Darondeau.*
Faux Ami (le)	C.	4ᵉ	*Cuvelier, Barouillet.*
Faux Ami (le)	C.	2ᵉ	*Mercier.*
Faux bon Homme (le)	C.	1ᵉ	*Alex. Duval.*
Faux Lord (le)	O.	2ᵉ	demi-droit pour *J. Piccinni.*
Faux Martinguerre (le)	M.	1ᵉ	*Hubert, Alex. Piccinni.*
Faux Mariage (le), *ou* Clémentine et Montaign	M.	1ᵉ	un douzième du droit pᵉ *Quaisain.*
Faux Mendians (les)	O.	3ᵉ	demi-droit pour *Lebrun-Tossa.*
Faux Mentor (le)	C.	4ᵉ	*Hubert, Dubois.*
Faux Molets (les), *ou* les Suppléans	C.	4ᵉ	*Legros.*
Faux Monnoyeurs (les)	O.	1ᵉ	demi-droit pour *Cuvelier.*
Faux Précepteur (le)	V.	3ᵉ	demi-droit pour *Bonel.*
Faux Stanislas (le)	C.	2ᵉ	*Alex. Duval.*
Favori du grand Turc (le)	V.	3ᵉ	*Courcy, Merle, Simonin.*
Fayel et Gabrielle de Vergy	P.	1ᵉ	*Franconi, Blanchard.*
Félix, *ou* l'Amour maternel	C.	4ᵉ	*Béraud.*
Femme à deux Maris (la)	M.	1ᵉ	*Guilbert de Pixerécourt.*
Femme à trois visages (la)	M.	1ᵉ	*Frédéric, Boirie, Quaisain.*
Femme à vendre, *ou* le Marché Ecossais	V.	3ᵉ	un tiers du droit pᵉ *Gentilhomme.*
Femme juge et partie (la) (Cette comédie est celle de Moufleury, arrangée en 3 actes par M. O. Leroy.)	D.	2ᵉ	*Onésime le Roy* (demi-droit seulement, du consentement de l'auteur.)
Femme magnanime (la), *ou* le Siége de la Rochelle	P.	1ᵉ	*Cuvelier.*
Femme misantrope (la)	C.	2ᵉ	*Alex. Duval.*
Femmes duellistes (les)	C.	2ᵉ	*Prévos.*

Titres des Pièces.	Genres.	Classes.	Auteurs et quotité du droit.
Femmes officiers (les), *ou* Un jour sous les armes	V.	3ᵉ	*Chazet, Dubois.*
Femmes politiques (les)	C.	2ᵉ	*Gosse.*
Fénélon au village	V.	5ᵉ	*Dumolard, Ragueneau.*
Fenêtre secrète (la), *ou* une Soirée à Madrid	O.	1ᵉ	*Des-Essarts, Batton.*
Féodor, *ou* le Batelier du Don	O.	5ᵉ	*Claparède, Berton.*
Fera-t-on la Noce ?	V.	5ᵉ	*Ligier.*
Ferme des Carrières (la)	P.	2ᵉ	demi-droit pour *Franconi.*
Ferme et le Château (la)	V.	5ᵉ	*Sewrin.*
Fermier d'Arcueil (le), *ou* les Bons Serviteurs	V.	3ᵉ	un tiers pour *Ferdinand Laloue.*
Fernand Cortez	O.	1ᵉ	*Jouy, Spontini.*
Fernand et Zirma	B.P.	2ᵉ	*Baudry.*
Fête au Village (la)	V.	3ᵉ	*Cᵗᵉˢ. Dupeuty, Fd. Villeneuve.*
Fête de Colette (la)	B.P.	5ᵉ	*Blache.*
Fête de Jean-Bart (la), *ou* le Retour à Dunkerque	V.	3ᵉ	demi-droit pour *Dubois.*
Fête de la Cinquantaine (la)	O.	2ᵉ	*Faur*, propriétaire.
Fête de Mars (la)	B.P.	3ᵉ	*Gardel.*
Fête de Monsieur Balonné (la)	B.P.	1ᵉ	*Blache.*
Fête de Perrault (la), *ou* l'Horoscope des Cendrillons	V.	3ᵉ	demi-droit pour *Dubois.*
Fête des cœurs (la)	B. P.	3ᵉ	*Roger.*
Fête des mariages (la)	V.	3ᵉ	un tiers pour *Chazet.*
Fête du mois de mai (la), *ou* le Printemps	B. P.	3ᵉ	*Blache.*
Fête du Mogol (la)	M.	1ᵉ	demi-droit pʳ *Augustin Hapdé.*
Fête d'un bourgeois de Paris (la)	C.	2ᵉ	un quart du droit pʳ *Merle.*
Fête du village voisin (la)	O.	1ᵉ	*Sewrin, Boïeldieu.*
Fête Hongroise (la)	B.P.	5ᵉ	*Aumer.*
Fête Genevoise (la)	O.	3ᵉ	demi-droit pour *Leblanc.*
Fête Indienne (la)	B. P.	3ᵉ	*Blache.*
Fête Péruvienne (la)	B.	2ᵉ	*Roger.*
Fiancée du pays de Caux (la)	V.	3ᵉ	*Sewrin.*
Fiancées de Casserte (les), *ou* l'Échange des roses	B. P.	3ᵉ	*Gardel, Milon.*
Fiancée perdue (la)	V.	3ᵉ	demi-droit pour *Gosse.*
Fiancés Tyroliens (les)	V.	5ᵉ	demi-droit pour *Dubois.*
Figaro tout seul	V.	3ᵉ	*Marty.*
Filets de Vulcain (les)	B. P.	1ᵉ	*Blache.*
Fille coupable et repentante (la)	M.	1ᵉ	*Varez.*
Fille du désert (la)	M.	1ᵉ	un tiers du droit pʳ *Dubois.*

Titres des Pièces	Genres.	Classes.	Auteurs et quotité du droit.
Fille adoptive (la), *ou* les deux Mères.	M.	1^e	un sixième du droit p^r *Gérardin*.
Fille à deux Mères (la)	M.	1^e	un sixième du droit p^r *Leblanc*.
Fille à marier (la)	V.	3^e	*Ferdinand Laloue*, *Ménissier*, *Saint-Hilaire*.
Fille de l'Exilé (la), *ou* Huit mois en deux heures	M.	1^e	*Guilbert de Pixerécourt*.
Fille de l'Hospice (la)	M.	1^e	un sixième du droit p^r *Quaisain*.
Fille de quinze ans (la)	C.	3^e	*Boursault*.
Fille d'honneur (la)	C.	1^e	*Duval*.
Fille en Loterie (la)	V.	3^e	demi-droit pour *Jouy*.
Fille et Garçon	V.	3^e	C^{tes}. *Dupeuty*, F^l. *Villeneuve*.
Fille Grenadier (la)	V.	3^e	deux tiers du droit p^r *Merle*, *Ourry*.
Fille Hermite (la)	V.	3^e	*Cuvelier*.
Fille Hussard (la)	P.	1^e	*Cuvelier*.
Fille Jockey (la)	V.	3^e	demi-droit pour *Chazet*.
Fille maudite (la)	M.	1^e	*Boirie*, *Léopold*.
Fille Mendiante (la)	M.	1^e	*Cuvelier*.
Fille Peintre (la)	C.	4^e	*Béraud*.
Fille Sauvage (la)	M.	1^e	*Cuvelier*, *Alex. Piccini*.
Fille Soldat (la), *ou* la Tyrolienne.	B. P.	1^e	*Blache*.
Fille Tambour (la)	P.	1^e	*Charrin*, *Frédéric*, *Foignet fils*.
Filles à marier (les), *ou* l'Opéra de Quinault	V.	3^e	demi-droit pour *Chazet*.
Fils abandonné (le)	D.	2^e	*Pelletier-Volmérange*.
Fils adoptif (le). (*Voyez* Léonce.)			
Fils banni (le)	M.	1^e	sept douzièmes du droit p^r *Frédéric*, *Quaisain* et *Renat*.
Fils criminel (le), *ou* le Tribunal invisible	M.	1^e	*Cuvelier*, *Quaisain*.
Fils par hasard (le)	C.	1^e	*Chazet*, *Ourry*.
Fin du monde (la)	V.	3^e	un quart du droit pour *Merle*.
Finot, ancien portier de M. de Bièvre.	V.	3^e	*Gassicourt*, *Chazet*.
Fitz Henry	M.	1^e	un sixième du droit p^r *Taix*.
Flaminius à Corinthe	O.	3^e	demi-droit p^r *Guilbert de Pixerécourt*, *Kreutzer*.
Flatteur (le)	C.	1^e	*Lantier*.
Flateur (le)	C.	1^e	*Gosse*.
Flibustiers à Panama (les)	M.	1^e	demi-droit pour *Ponet*.
Flore et Zéphyr	P.	3^e	*Cuvelier*.
Flore et Zéphyr	B. P.	2^e	*Didelot*.
Florestan, *ou* le Conseil des dix	O.	1^e	demi-droit pour *Delrieu*.
Floreska, *ou* les Déserts de la Sibérie.	P.	1^e	*Augustin Hapdé*, *Foignet*.
Florian	V.	3^e	demi-droit pour *Bouilly*.
Flûte enchantée (la)	O.	1^e	droit entier pour *Castil-Blaze*.

Titres des Pièces	Genres.	Classes.	Auteurs et quotité du droit.
Flûte du Grand-Mogol (la). (*voyez* Grivois-la-Malice.			
Folie et raison	V.	3e	*Sewrin*, *Chazet*.
Folie espagnole (la)	P.	1e	un sixième du droit pr *Leblanc*.
Folies du jour (les)	V.	3e	un tiers pr *Menissier*.
Folle de Wollenstein (la)	M.	1e	un douzième du droit pr *Quaisain*.
Folle Gageure (la)	O.	3e	demi-droit pour *Leblanc*.
Folles raisonnables (les)	C.	2e	demi-droit pr *Boursault*.
Folliculaire (le)	C.	1e	*Delaville*.
Forêt de Bondy (la), *ou le Chien de Montargis*	M.	1e	*Guilbert de Pixerécourt*.
Forêt de Copenas (la)	M.	1e	*Touchard*, propriétaire.
Forêt d'Edimbourg (la)	M.	1e	*Frédéric*, *Charrin*, *Taix*.
Forêt d'Hermanstadt (la), *ou la Fausse Epouse*	M.	1e	un sixième pr *Quaisain*, *Darondeau*.
Forêt de Sénart (la)	M.	1e	*Boirie*, *Léopold*.
Forêt de Sicile (la)	O.	2e	demi-droit pr *Guilbert de Pixerécourt*.
Forêt enchantée (la), *ou la Belle au bois dormant*	M.	1e	un quart du droit pr *Leblanc*.
Forêt Noire (la)	P.	1e	un sixième pr *Quaisain*.
Forgeron de Bassora (le)	O.	2e	*Sewrin*, *Frédéric Kreubé*.
Fort de la halle (le)	V.	3e	un tiers pr *Ferd. Laloue*.
Forteresse (la)	O.	3e	demi-droit pr *A. Piccini*.
Forteresse de Rio-Tercero (la)	M.	1e	*Maldan*, propriétaire.
Forteresse du Danube (la)	M.	1e	*Guilbert de Pixerécourt*.
Fortune vient en dormant (la)	B. P.	1e	*Henry*.
Fou par terreur (le)	C.	3e	*Hector Chaussier*.
Foux Hollandais (les), *ou l'Amour aux petites Maisons*	M.	2e	*Bignon*.
Fra-Diavolo, *ou le Frère Diable*	P.	1e	*Cuvelier*.
Français à Cithère (les)	V.	3e	un tiers pour *Chazet*.
Français à Venise (le)	O.	3e	demi-droit pour *Justin*.
Françoise de Foix	O.	1e	trois quarts du droit pr *Bouilly*, *Berton*.
Français Pacha du Caire (le)	C.	1e	*Delrieu*.
Franck, *ou l'Homme de la montagne*	M.	1e	un tiers pour *Chevrillon*.
François Ier., *ou la Fête Mystérieuse*	O.	2e	*Sewrin*, *Chazet*, *Kreutzer*.
Franc Breton (le)	O.	3e	*Dejaure* jeune, *Kreutzer*.
Francs-Juges (les)	M.	1e	un sixième du droit pr *Quaisain*.
Frédégilde, *ou le Démon familier*	M.	1e	*Cuvelier*, *Augustin Hapdé*.
Frédégonde	M.	1e	*de Favières*, *Kreutzer*.

Titres des Pièces.	Genres.	Classes.	Auteurs et quotité du droit.
Frédégonde et Brunehaut	P.	1ᵉ	*Franconi* jeune.
Frédéric à Spandaw	M.	1ᵉ	deux tiers pour *Dorvo.*
Frédéric de Minski	M.	1ᵉ	*Hubert.*
Frédéric, duc de Nevers	M.	1ᵉ	*Mardelle, Varez, Quaisain, Darondeau.*
Frère Philippe (le)	O.	3ᵉ	*Duport* (Aug.), *Dourlen.*
Frères à l'épreuve (les)	D.	2ᵉ	*Pelletier Volméranges.*
Fruit défendu (le)	O.	3ᵉ	*Gosse, Persuis.*
Fruit défendu (le)	V.	3ᵉ	un tiers pour *Léger.*

G.

Titres des Pièces.	Genres.	Classes.	Auteurs et quotité du droit.
GABRIELLE d'Estrées	O.	1ᵉ	*St.-Just, Méhul.*
Gageure du Pélerin (la)	O.	2ᵉ	demi-droit pour *Foignet.*
Gageure inutile (la)	V.	3ᵉ	*Léger.*
Garçon d'honneur (le)	V.	3ᵉ	deux tiers du droit pʳ *Frédéric* et *Simonin.*
Garde moulin (le)	V.	3ᵉ	demi-droit pour *Sewrin.*
Garde-chasse de Chambord (le)	V.	3ᵉ	un quart du droit pʳ *Merle.*
Garrick, *ou le Portrait*	V.	3ᵉ	*Simonin, Merle.*
Gasconnade (la), *ou un Tour de Carnaval*	V.	3ᵉ	*Henry.*
Gascon, Gascon malgré lui (le)	O.	3ᵉ	demi-droit pʳ *Eugène Hus, Guillet.*
Gascon tel qu'il est (le)	O.	3ᵉ	demi-droit pʳ *Foignet.*

Titres des Pièces.	Genres.	Classes.	Auteurs et quotité du droit.
Geneviève de Brabant	T.	1ᵉ *Béraud.*	
Geneviève de Brabant	P.	1ᵉ *Franconi* jeune, *Leblanc.*	
Génie Azouf (le). (*voyez les deux Coffrets.*)			
Génie des Isles Noires (le)	M.	1ᵉ *Frédéric.*	
Gentil-Bernard	V.	3ᵉ demi-droit pʳ *Prévost-d'Iray.*	
Georges et Gros-Jean	V.	3ᵉ *Léger.*	
Gérard de Nevers	P.	1ᵉ *Cuvelier.*	
Germanicus	T.	1ᵉ *Arnault*, père.	
Gertrude, *ou* les Suicides	D.	3ᵉ *Aude.*	
Gilblas	C.	1ᵉ *Dorvo.*	
Gilles Eléphant	V.	3ᵉ *Augustin Hapdé.*	
Gilles en deuil	O.	3ᵉ demi-droit pʳ *A. Piccini*	
Gilles Homme d'esprit	V.	3ᵉ *Béraud.*	
Gilles n'est pas Gilles	V.	3ᵉ *Dubois.*	
Gilles réformateur	V.	3ᵉ *Touchard*, propriétaire.	
Gilotin, *ou* le Faux Frère	V.	3ᵉ demi-droit pour *Jouy*.	
Girouette de village (la)	C.	2ᵉ *Poujol.*	
Gnôme, (le) *ou* Arlequin tigre et bienfaisant	P.	1ᵉ *Cuvelier.*	
Godard *ou* la Loge du portier	C.	4ᵉ *Aude.*	
Gondolier (le), *ou* une Soirée Vénitienne	O.	3ᵉ demi-droit pʳ *Foignet* fils.	
Gonzalve de Cordoue	M.	1ᵉ *Dorvo.*	
Gonzalve et Zuléma	P.	1ᵉ *Leblanc.*	
Gourmand puni (le)	C.	4ᵉ *Varez.*	
Gouvernante par amour (la)	V.	3ᵉ *Boullault.*	
Grâces (les)	O.	2ᵉ demi-droit pour *Moline.*	
Grand Chasseur (le), *ou* l'île des Palmiers	M.	1ᵉ *Guilbert de Pixerécourt.*	
Grand Deuil (le)	O.	3ᵉ trois quarts de droit pʳ *Vial, Berton.*	
Grand Justicia (le)	M.	1ᵉ cinq sixièmes du droit pʳ *Frédéric.*	
Grand'Maman (la)	V.	3ᵉ *Dubois, Léopold.*	
Grand'Mère (la)	O.	2ᵉ *de Favières, Jadin.*	
Grand-Père (le), *ou* les Deux âges	O.	3ᵉ *de Favières* fils, *Jadin.*	
Gras et le Maigre (le)	V.	3ᵉ *Prévost.*	
Gréeourt	V.	3ᵉ *Ligier.*	
Grégoire à Tunis	V.	3ᵉ demi-droit pʳ *Leblanc de Ferrières.*	
Grenadier de Louis XV (le)	V.	3ᵉ *Dubois.*	
Grenadier Marseillais (le) *ou* une Heure de corps-de-garde	V.	3ᵉ *Turmeau.*	
Grétry chez Mᵐᵉ. Dubocage	V.	3ᵉ *Fougas.*	
Grille du parc (la)	O.	3ᵉ cinq sixièmes pʳ *Ancelot, Audibert, Panseron.*	

Titres des Pièces.	Genres.	Classes.	Auteurs et quotité du droit.
Grivois-la-Malice	V.	3ᵉ	*Sewrin.*
Grotius à Loëvespen	M,	1ᵉ	*Leblanc Deferrière*, *Quaisain.*
Grotte des Cévennes (la)	O.	3ᵉ	demi-droit pᵣ *Sewrin.*
Grotte de Fingal (la), *ou le Soldat mystérieux*	M.	1ᵉ	sept douzièmes du droit pᵣ *Frédéric*, *Alex. Piccini.*
Grotte de Trophonius (la)	O.	1ᵉ	demi-droit pᵣ *Moline.*
Gueule de lion (la), *ou la Mère esclave*	M.	1ᵉ	*Cuvelier*, *Léopold.*
Guérite (la)	O.	3ᵉ	*Dorva*, *Faignet.*
Guerre et la Paix (la)	C.	1ᵉ	*Boursault.*
Guerrière, (la) *ou la Femme Chevalier*	M.	1ᵉ	un douzième pᵣ *Quaisain.*
Guerrière des sept Montagnes (la)	M.	1ᵉ	*Augustin Hapdé.*
Guillaume-le-Conquérant	D.	1ᵉ	*Alex. Duval.*
Guillaume-le-Conquérant	M.	1ᵉ	*Caffin-Rosny*, *Clément*, *Leblanc.*
Guinguette (la)	V.	3ᵉ	demi-droit pour *Bonel.*
Gulistan, *ou le Hulla de Samarcande.*	O.	1ᵉ	un sixième pᵣ *Lachabeaussière.*
Gulliver dans l'île des Géans	V.	3ᵉ	*Sewrin.*
Gulliver, *ou la Manie des Voyages.*	P	1ᵉ	*Franconi* jeune, *Moussard.*
Gulnare, *ou l'Esclave persanne*	O.	3ᵉ	demi-droit pour *Marsollier.*

H.

Titres des Pièces.	Genres.	Classes.	Auteurs et quotité du droit.
HABITANT de la Guadeloupe (l')	D.	2ᵉ	*Mercier.*
Habitans des Landes (les)	V.	3ᵉ	*Sewrin.*
Habit de Catinat (l')	V.	3ᵉ	*Merle*, *Ourry.*
Habit de velours (l')	V.	3ᵉ	*Sewrin.*
Habit du Chevalier de Grammont (l').	O.	1ᵉ	*St.-Victor*, *Martin* propriétaire.
Habits, vieux galons	V.	3ᵉ	*Sewrin*, *Chazet.*
Haguenier, *ou l'Habit de cour*	V.	3ᵉ	*Marville*, *Chevrillon.*
Haine aux Femmes	V.	3ᵉ	*Bouilly.*
Halle (la) à la Chaussée-d'Antin	V.	3ᵉ	demi-droit pour *Sewrin.*

Titres des Pièces.	Genres.	Classes.	Auteurs et quotité du droit.
Hariadan-Barberousse	M.	1ᵉ	*Lamarque*, *Leblanc*.
Haroun-Al-Raschild	B. P.	1ᵉ	*Blache*.
Hasard et Folie	M.	1ᵉ demi-droit pour *Hubert*.	
Hamlet	B. P.	1ᵉ	*Henry*.
Hassem, *ou la Vengeance*	M.	1ᵉ	*Lamarque*, *Leblanc*.
Hécube	O.	1ᵉ	*Milcent*, *Fontenelle*.
Héléna	O.	1ᵉ	*Bouilly*, *Méhul*.
Héléna	O.	2ᵉ	*Révérony de S.-Cyr*, *Foignet*.
Hélénor de Portugal	M.	1ᵉ un sixième du droit pour *Quaisain*.	
Helmina	M.	1ᵉ	*Augustin Hapdé*, *Quaisain*.
Héloïse Américaine (l')	C.	2ᵉ	*Aude*.
Héloïse et Abeilard	D.	2ᵉ	*Murville* (André.).
Henriette et Adhémar, *ou la Bataille de Fontenoy*	M.	1ᵉ demi droit pour *Bernhard*, *Quaisain*.	
Henriette et Verseuil	O.	3ᵉ demi-droit pour *Guillet*, *Eugène Hus*.	
Henri de Bavière	O.	1ᵉ demi droit pour *Léger*, *Dutremblay*.	
Henri IV, *ou la Prise de Paris*	M.	1ᵉ	*Boirie*, *Léopold*, *Dubois*.
Héritier de Paimpol (l')	O.	1ᵉ	*Sewrin*, *Bochsa*.
Héritière (l')	O.	3ᵉ demi-droit pʳ *Frédéric Kreubé*.	
Héritiers (les), *ou le Naufrage*	C.	3ᵉ	*Alex. Duval*.
Héritiers Michau (les)	O.	3ᵉ demi-droit pour *Bochsa*.	
Hermann et Sophie, *ou le Carnaval bavarois*	M.	1ᵉ	*Cuvelier*.
Hermann et Verner, *ou les Militaires*	C.	2ᵉ	*de Favières*.
Herminie, *ou la Chaumière allemande*	M.	1ᵉ onze douzièmes du droit pʳ *Rousseau*, *Varez*, *Quaisain*.	
Hermitage (l')	V.	2ᵉ	*Sewrin*.
Hermitage (l')	V.	3ᵉ	*Jars*.
Hermite de la Sierra-Morena (l')	M.	1ᵉ Mad. *Leriche*, *Quaisain*.	
Hermite de Saverne (l')	M.	1ᵉ demi-droit pour *Thuring*.	
Hermite du Mont Pausilippe (l')	M.	1ᵉ un sixième pour *Quaisain*.	
Hernance et Fernand	O.	1ᵉ	*Coffin-Rosny*, *Blasius*.
Héritage de Jeannette (l')	V.	3ᵉ demi-droit pour *Dubois*.	
Héro et Léandre	B. P.	3ᵉ	*Milon*.
Héroïne Française (l')	O.	3ᵉ demi-droit pour *Foignet*.	
Héroïsme des Femmes (l')	M.	1ᵉ un sixième du droit pʳ *Taix*.	
Heureuse moisson (l')	V.	3ᵉ deux tiers pʳ *Merle*, *Fréd. de Courcy*.	
Heureux à-propos (l')	C.	2ᵉ	*Sewrin*.
Heureux dépit (l')	O.	3ᵉ demi-droit pour *Chapelle*.	
Heureux retour (l')	B. P.	3ᵉ	*Gardel*, *Milon*, *Persuis*, *Berton*, *Kreutzer*.
Hilberge l'Amazone, *ou les Monténégrins*	M.	1ᵉ	*Cuvelier*, *Varez*, *Quaisain*.

Titres des Pièces.	Genres.	Classes.	Auteurs et quotité du droit.
Holopherne et Judith	T.	1ᵉ	Sevrin.
Homicide (l'), ou les Amis du Mogol	M.	1ᵉ	Cuvelier, Hubert.
Homme à trois visages (l'). (voyé Abélino)	M.	2ᵉ	Guilbert de Pixerécourt.
Homme Brun (l'), ou le Billet doux.	M.	1ᵉ	Boirie, Dubois, Merle.
Homme gris (l')	C.	2ᵉ	Daubigny, Poujol.
Homme aux convenances (l')	C.	3ᵉ	Jouy.
Homme de la Forêt Noire (l')	M.	1ᵉ	cinq sixièmes pour Frédéric, Boirie.
Homme de la Roche (l')	M.	1ᵉ	Augustin Hapdé.
Homme de ma connaissance (l')	C.	2ᵉ	Mercier.
Homme entre deux femmes (l')	C.	3ᵉ	Augustin Hapdé.
Homme et le Malheur (l')	O.	1ᵉ	demi-droit pour Davrigny.
Homme et le Malheur (l')	M.	1ᵉ	Defrenoy, Aude neveu.
Homme mystérieux (l')	M.	1ᵉ	Mad. Barthelemi Hadot.
Homme sans façon (l')	O.	1ᵉ	Sevrin, Kreutzer.
Homme sans façon (l'), ou le vieux Cousin	C.	2ᵉ	Léger.
Hommes de la Nature et les Hommes policés (les)	P.	1ᵉ	Cuvelier.
Hommes et les Femmes (les)	M.	1ᵉ	Cuvelier.
Hommes Femmes (les)	V.	3ᵉ	Ourry, Chazet.
Honnête Aventurier (l')	C.	4ᵉ	Lebrun-Tossa.
Honneur (l') et l'Échafaud.	M.	1ᵉ	Mad. Barthélemi Hadot, Dubois, Lelu.
Horaces (les)	O.	1	demi-droit pour Porta.
Horloge de bois (l')	V.	3ᵉ	Bernard-Valville.
Hortense de Vaucluse	M.	1ᵉ	un sixième du droit pour Quaisain.
Hôtel de Lorraine (l')	V.	5ᵉ	un tiers du droit pour Chazet.
Hôtel en vente (l')	V.	3ᵉ	Sevrin.
Hôtel des Invalides (l'), ou la Députation	V.	3ᵉ	Dubois.
Hôtel de l'union (l')	V.	3ᵉ	Antier, Ed. Damarin.
Hôtel garni (l'), ou la Revue de l'an IX.	V.	3ᵉ	demi-droit pour Chazet.
Hôtellerie (l')	C.	4ᵉ	Cuvelier.
Hôtellerie des Pyrénées (l')	M.	1ᵉ	Pelletier-Volmérange.
Hôtellerie de Sarzano (l')	O.	5ᵉ	Desriaux, Arquier.
Hôtellerie portugaise (l')	O.	3ᵉ	Aignan, Chérubini.
Hôtellier de Milan (l')	C.	1ᵉ	demi-droit pour Boursault.
Houillère de Beaujon (la)	P.	3ᵉ	Ourry, Aug. Hapdé.
Huon de Bordeaux	M.	1ᵉ	Noël, Leblanc.
Hussard (le), ou le Fourreau Coffre-fort	V.	3ᵉ	Philibert.
Hussites (les), ou le Siége de Naumbourg	M.	1ᵉ	Alex. Duval, Méhul.

Titres des Pièces.	Genres.	Classes.	Auteurs et quotité du droit.
Hyglanders (les), *ou* les Montagnards. Écossais....................	M.	1	un sixième du droit pour *Quaisain*.
Hussard et le Tambour (le), *ou* le Passe-Temps militaire..........	V.	3	demi-droit pour *Frédéric*.

I.

Titres des Pièces.	Genres.	Classes.	Auteurs et quotité du droit.
Il était temps, *ou* la Leçon de l'Oncle.	V.	3	*Sewrin*, *Chazet*.
Il faut un État, *ou* la Revue de l'An VI.	V.	3	deux tiers du droit p^r *Chazet*, *Léger*.
Il faut un Mariage.................	V.	3	demi-droit pour *Ragueneau*
Illustre Aveugle (l')...............	M.	1	un sixième pour *Quaisain*.
Illustres Fugitifs (les).............	P.	1	*Eugène Hus*, *Bignon*.
Illustres Voyageurs (les)..........	D.	2	*Alex. Duval*.
Ils arrivent, *ou* le Retour..........	V.	3	demi-droit pour *Ragueneau*.
Ils sont chez eux, *ou* les Époux avant le Mariage.....................	O.	3	demi-droit pour *Al. Picinni*.
Ils sont sauvés! *ou* les Mineurs.....	V.	3	un quart du droit pour *Merle*.
Impatient (l').....................	C.	3	*Lantier*.
Imposture et Vérité................	M.	1	un sixième du droit pour *Amédée* et *Quaisain*.
Impromptu de Campagne (l')......	O.	3	demi-droit pour *Delrieu*.
Impromptu de Nanterre (l'). (*voyez* les Nouvelles Réjouissances			
Incendie du village (l'), *ou* les Représailles militaires.................	M.	1	*Leblanc de Ferrières*, *Dubois*.
Incertitude maternelle (l')........	O.	3	demi-droit pour *Dejaure* jeune.
Inconnu (l'), *ou* le Coup d'épée viager.	O.	1	*Vial*, *Favières*, *Jadin*.
Inconnu (l').......................	M.	1	*Boulé*, *Mathias*, *Varez*.
Inconnue persécutée (l')..........	O.	1	demi-droit pour *Moline*.
Inconséquent (l').................	C.	1	*Lantier*.
Indiens (les).....................	B. P.	2	*Baudry*.

Titres des Pièces.	Genres.	Classes.	Auteurs et quotité du droit.
Indifférent (l'), *ou le Double Procès* (pièce jouée à Lille)	C.	3e	*Cobourg.*
Indigent (l')	D.	1er	*Mercier.*
Inès, *ou les Devoirs d'un roi*	M.	1er	*Leblanc Deferrières, Dubois.*
Infidèles (les)	O.	3e	demi-droit p.r *Mengal.*
Intérieur de la Comédie (l')	C.	2e	*Murville* (André).
Intriguant sans le savoir (l')	O.	2e	*Faur*, propriétaire.
Intrigue aux Fenêtres (l')	O.	3e	un quart du droit pour *Bouilly.*
Intrigue dans la rue (l')	V.	3e	*Defrenoy.*
Intrigue dans les Caves (l')	V.	3e	demi-droit pour *Jouy.*
Intrigues de la Rapée (les)	V.	3e	demi-droit p.r *Sewrin, Merle.*
Intrigue en l'air (l')	V.	3e	*Sewrin, Chazet.*
Intrigue espagnole (l')	C.	3e	*Lamarque.*
Intrigue vénitienne (l')	C.	2e	*Sewrin.*
Irato (l'), *ou l'Emporté*	O.	3e	*Marsollier, Méhul.*
Irons-nous à Paris? *ou la Revue de l'An 1810*	V.	3e	*Chazet, Ourry, Merle.*
Irza, *ou les Conjurés à Tescuco*	M.	1er	*Lamey, Quaisain.*
Irrésolu (l')	C.	3e	*Onésime Leroy.*
Isabelle et Gertrude	V.	3e	un quart pour *Courcy.*
Isaurine et Valbourg	M.	1er	*Hubert, Rousseau, Al. Piccinni.*
Ismayl et Mariam	M.	1er	*Frédéric, Taylor.*
Isoline des Cyprès	P.	1er	*Franconi* jeune.
Isle de Babilary (l')	O.	1er	demi-droit pour *Mengal.*
Isle de l'Indifférence (l')	O.	2e	demi-droit pour *Taix.*
Isle des Femmes (l')	V.	3e	*Léger.*
Isle des Amazones (l'), *ou le Pouvoir de l'amour*	B. P.	2e	*Gilbert* (J.)
Isle des Mariages (l')	M.	1er	cinq douzièmes pour *Frédéric.*
Isle des Vieilles (l'). (*voyez le Phénix*).			
Isle du Silence (l')	P.	1er	*Cuvelier.*
Isle enchantée (l')	O.	3e	demi-droit pour *Bruni.*
Isle flottante (l'), *ou les Voyageurs aériens*	M.	1er	un sixième du droit pour *Leblanc.*
Ivrogne tout seul (l')	V.	3e	*Villars.*

J.

Titres des Pièces.	Genres.	Classes.	Auteurs et quotité du droit.
Jacasser, *ou la Contrainte par corps.*	V.	3ᵉ	demi-droit pour *Philibert.*
Jaqueline d'Olzebourg.	M.	1ʳ	un sixième pour *Quaisain.*
Jacques Callot à Nancy.	V.	3ᵉ	*Décour.*
Jacques Rigault.	O.	3ᵉ	demi-droit pour *Foignet* fils.
Jacques, *ou la Fatale Révélation.*	M.	1ᵉ	*Boirie, Dubois, Léopold.*
Jadis et Aujourd'hui.	O.	3ᵉ	*Sewrin, Kreutzer.*
J'ai perdu mon Procès.	C.	3ᵉ	*Dejaure* jeune.
Jaloux malgré lui (le).	C.	3ᵉ	*Delrieu.*
Jambe de bois (la). (*voyez* l'Amour filial.)			
Janvier et Nivôse, *ou les Étrennes en* Vaudevilles.	V.	3ᵉ	*Sewrin, Chazet.*
Jardin Turc (le).	V.	3ᵉ	demi-droit pour *Ourry.*
Jardinier et son Seigneur (le).	V.	3ᵉ	*Sewrin, Merle, Frédéric Courcy.*
Jardinière de Vincennes (la).	V.	3ᵉ	*Charrin.*
Jean-Bart.	V.	3ᵉ	demi-droit pour *Ligier.*
Jean-Bart et Patoulet.	O.	3ᵉ	*Léger, Jadin.*
Jean-Bart, *ou le Voyage en Pologne.*	M.	1ʳ	*Frédéric, Alex. Piccinni.*
Jean Calas.	T.	1ᵉ	*Laya.*
Jean de Calais.	M.	1ᵉ	un sixième du droit pᵉ *Quaisain.*
Jean de Paris.	O.	2ᵉ	*St.-Just, Boieldieu.*
Jean de Paris.	M.	1ᵉ	*Marsollier.*
Jean et Geneviève.	O.	3ᵉ	demi-droit pour *de Favières*
Jean Hennuyer, Évêque de Lizieux.	D.	2ᵉ	*Mercier.*
J.-J. Rousseau, *ou une Journée d'Er-*menonville.	D.	2ᵉ	*Chazet, Dubois.*
Jean Lafontaine.	V.	3ᵉ	demi-droit pour *Prévost-d'Iray*
Jean Sobieski, *ou la Lettre.*	M.	1ʳ	Mad. *Barthélemi Hadot, Taix.*
Jean Sbogar.	M.	1ᵉ	*Cuvelier, Léopold.*
Jean sans peur.	T.	1ᵉ	*Liadières.*
Jean sans peur, duc de Bourgogne, ou le Pont de Montereau.	M.	1ᵉ	*Boirie, Léopold, Alex. Piccinni.*
Jean qui pleure et Jean qui rit, *ou* les deux Voisins.	V.	3ᵉ	demi-droit pour *Sewrin.*
Jeanne d'Arc à Rouen.	T.	1ᵉ	*Davrigny.*
Jeanne d'Arc.	P.	1ᵉ	*Cuvelier.*
Jeanne d'Arc.	D.	1ᵉ	*Mercier.*
Jeanne Gray.	T.	1ᵉ	*Brifaut.*
Jeannette, *ou six mois à Paris.*	V.	3ᵉ	*Sewrin.*
Je cherche mon Père.	C.	3ᵉ	*Dorvo.*

Titres des Pièces.	Genres.	Classes.	Auteurs et quotité du droit.
Je cherche un dîner	V.	3e	deux tiers pr *Ourry*, *Merle*.
Je débute, *ou* l'Amateur tout seul	V.	3e	demi-droit pour *Ragueneau*.
Je l'épouse	V.	3e	*Hector Chaussier*.
Je m'émancipe	V.	3e	*Chazet*, *Dubois*.
Je ne sais qui	V.	3e	un quart du droit pour *Chazet*.
J'enlève ma femme	C.	2e	*Ourry*.
Jenneval, *ou* le Barnevelt Français	D.	1e	*Mercier*.
Jenny la Bouquetière	O.	3e	demi-droit pour *Bouilly*, *Frédéric Kreubé*.
Jenny, *ou* le Mariage secret	B. P.	2e	*Aumer*, *Darondeau*.
Jérusalem délivrée	O.	1e	demi-droit pour *Persuis*.
Jérusalem déshabillée	V.	3e	un tiers pour *Ourry*.
Je suis joué! *ou* à Trompeur Trompeur et demi	C.	3e	Mad. *Barthélemi Hadot*.
Jeune Basque (le) et le vieux Troubadour	V.	3e	*Augustin Hapdé*, *Ourry*.
Jeune Frondeur (le)	C.	4e	*Vernœuil*.
Jeune Henri (le)	O.	2e	*Bouilly*, *Méhul*.
Jeune Homme enlevé (le)	C.	4e	*Delœuvre*.
Jeune Homme en loterie (le)	C.	4e	*AL. Duval*.
Jeune Belle-Mère (la)	O.	1e	*Sewrin*, *F. Kreubé*.
Jeune Tante (la)	O.	1e	demi-droit pour *F. Kreubé*.
Jeune Veuve (la)	C.	3e	*Delrieu*.
Jeune et Vieille	O.	3e	demi-droit pour *Chazet*, *Dubois*.
Jeune Sage et le vieux Fou (le)	O.	3e	demi-droit pour *Méhul*.
Jeunes Femmes (les)	C.	2e	*Dorvo*.
Jeune Femme colère (la)	O.	3e	demi-droit pour *Boieldieu*.
Jeunesse de Henri IV (la)	V.	3e	deux tiers du droit pour *Ourry*, et *Merle*.
Jeunesse de Henri V (la)	C.	2e	*Alex. Duval*.
Jeunesse de Favart (la)	V.	3e	demi-droit pour *Favart* fils.
Jeunesse de Richelieu (la), *ou* le Lovelace français	C.	1e	demi-droit pour *Alex. Duval*.
Jeunesse du grand Frédéric (la)	M.	1e	*Boirie*, *Henry Lemaire*, *Leblanc*.
Jeux Floraux (les)	O.	1e	*Bouilly*, *Aimon*.
Jeunesse du grand Condé (la), *ou* la Bataille de Rocroy	P.	1e	*Cuvelier*.
Joanna	O.	2e	*Marsollier*, *Méhul*.
Joconde	O.	1e	demi-droit pour *Jadin*.
Jocrisse autre part	V.	3e	un tiers du droit pr *Chazet*.
Jocrisse chef de brigauds	V.	3e	un tiers du droit pr *Merle*.
Jocrisse corrigé, *ou* la Journée aux accidens	C.	4e	*Sewrin*.
Jocrisse maître et Jocrisse valet	C.	4e	*Sewrin*.

Titres des Pièces.	Genres.	Classes.	Auteurs et quotité du droit.
Jocrisse, *ou la Poule aux œufs d'or*..	V.	3e	demi-droit pour *Léger*.
Jocrisse Paria, *ou la parodie du Paria*..................	V.	3e	*Crosnier*, *St.-Hilaire*.
Jocrisse suicide.................	C.	4e	demi-droit pour *Sidony*.
Jolie Parfumeuse (la)............	V.	5e	demi-droit pour *Lebrun-Tossa*.
Joseph.......................	M.	1e	*Henry Lemaire*.
Joseph en Égypte..............	O.	1e	*Alex. Duval*, *Méhul*.
Joseph-Léopold, *ou la Journée militaire*...................	M.	1e	un sixième du droit pour *Taix*.
Joseph Sbogar.................	V.	3e	deux tiers du droit pour *Frédéric*, *Boirie*.
Joueur d'échecs (le)..............	V.	5e	*Marsollier*, *Chazet*.
Joueuse corrigée (la)............	C.	2e	*Coffin-Rosny*.
Jour du Baptême (le), *ou la Double Fête*.......................	V.	3e	*Turmeau*.
Journaliste des Ombres (le)........	C.	4e	*Aude*.
Journée aux Aventures (la)........	O.	1e	demi-droit pour *Méhul*.
Journée aux Enlèvemens (la).....	V.	2e	*Sewrin*, *Chazet*.
Jugement de Daniel (le)...........	M.	1e	un sixième du droit pr *Taix*.
Jugement de Dieu (le)............	M.	1e	un sixième du droit pour *Leblanc*.
Jugement de Pâris (le)...........	B. P.	1e	*Gardel*.
Jugement de Salomon (le)........	M.	1e	un sixième du droit pour *Quaisain*.
Juif (le)......................	M.	2e	*Giraud*.
Juif errant (le).................	M.	1e	un sixième du droit pour *A. Piccinni*.
Jules, *ou le Toit paternel*........	M.	1e	Mad. *Barthélemi Hadot*, *Taix*.
Julia, *ou les Souterrains de Mazzini*.	M.	1e	*Sewrin*.
Julie, *ou la Reconnaissance*.......	C.	4e	*Châteauvieux*.
Julie, *ou le Pot de fleurs*.........	O.	5e	trois quarts du droit pr *Jars*, *Spontini*.
Junius Brutus..................	T.	1e	*Monvel* fils.
Justine et Collin...............	B. P.	3e	*Baudry*.

K.

Titres des Pièces.	Genres.	Classes.	Auteurs et quotité du droit.
Kabni, ou les Chiquenaudes	V. F.	3ᵉ	demi-droit pour *Sewrin*.
Kullick-Fergus, ou les Génies des isles Hébrides	M.	1ᵉ	*Cuvelier*.
Kiki	M.	1ᵉ	*Eugène Hus*, *Bernard Valville*.
Kiki	F. V.	1ᵉ	un tiers du droit pour *Varez*.
Kokoli à Capra	M.	2ᵉ	un sixième du droit pour *Leblanc*.
Koulikan, ou les Tartares	M.	1ᵉ	un sixième du droit pᵉ *Darondeau*.
Koulouf, ou les Chinois	O.	1ᵉ	demi-droit pᵉ *Guilbert de Pixerécourt*.

L.

Titres des Pièces.	Genres.	Classes.	Auteurs et quotité du droit.
Laboureur Chinois (le)	O.	3ᵉ	*Morel de Chedeville*, *Berton*, *Lachnith*.
Labyrinthe d'Amour (le)	V.	3ᵉ	*Favart* fils
Lafontaine chez Fouquet	C.	4ᵉ	*Dumolard*.
Lagrange-Chancel	V.	3ᵉ	*Sewrin*, *Chazet*.
Laisné et Lamonnoic	V.	3ᵉ	*Sewrin*, propriétaire.
Laissez-moi faire, ou la Soubrette officieuse	V.	3ᵉ	demi-droit pour *Varez*.
Laitière de Bercy (la)	V.	2ᵉ	*Sewrin*, *Chazet*.
Laitière des bords du Rhin (la)	M.	1ᵉ	*Augustin Hapdé*, *Foignet* fils.
Laitière suisse (la), ou l'Aveugle de Clarence	V.	3ᵉ	deux tiers du droit pᵉ *Sewrin*, *Merle*.
Lamentin (Monsieur), ou la Manie de se plaindre	C.	4ᵉ	*Dorvo*.
Lampe merveilleuse (la)	M.	1ᵉ	*Faur*, *Foignet* fils.
Lampe merveilleuse (la)	M.	1ᵉ	un sixième du droit pᵉ *Leblanc*.
Lampe merveilleuse (la) avec un prologue (*Th. du Panorama*)	F. V.	1ᵉ	deux tiers pᵉ *Merle*, *Saintine*.
Lanterne de Diogène (la)	P.	1ᵉ	*Cuvelier*.
Lanterne magique (la)	V.	3ᵉ	*Bernard Valville*.

Titres des Pièces.	Genres.	Classes.	Auteurs et quotité du droit.
Lanterne sourde (la)	V. F.	3ᵉ	deux tiers pᵉ *Antier*, *Hubert*.
Lapeyrouse, *ou le Voyageur autour du Monde*	P.	2ᵉ	*Augustin Hapdé*, *Foignet*.
Laure et Félino	P.	1ᵉ	*Cuvelier*.
Laure et Pétrarque	O.	3ᵉ	demi-droit pour *Moline*.
Laure, *ou l'Actrice chez elle*	O.	3ᵉ	demi-droit pour *Marsollier*.
Laurette de retour au village	O.	3ᵉ	demi-droit pour *Porta*.
Lauriers-Rose (les)	V.	3ᵉ	*Dubois*.
Leçon Conjugale (la)	V.	3ᵉ	*Dubois*.
Leçon Conjugale (la), *ou Avis aux Maris*	C.	2ᵉ	*Sewrin*, *Chazet*.
Leçon d'Amour (la), *ou le Rival complaisant*	V.	3ᵉ	deux tiers pᵉ *Merle*, *Ourry*.
Leçon de Danse et d'Équitation (la)	V.	3ᵉ	demi-droit pour *Sewrin*.
Leçon paternelle (la)	C.	3ᵉ	demi-droit pour *Laqueyrie*.
Lecture du Tartuffe (la), *ou Molière chez Ninon*	C.	3ᵉ	*Dubois*, *Chazet*.
Légion de Fischer (la)	M.	1ᵉ	un sixième du droit pour *Taix*.
Législatrices (les)	C.	4ᵉ	*Moline*.
Léhéman, *ou la Tour de Newstadt*	O.	1ᵉ	demi-droit pour *Marsollier*.
Leïcester, *ou le château de Kénilworth*	O.	1ᵉ	demi-droit pour *Auber*.
Lendemain de la Pièce tombée (le)	V.	3ᵉ	un tiers pour *Dubois*.
Lendemain des Noces (le)	O.	3ᵉ	*Léger*, *Jadin*.
Léon, *ou le Château de Montaldi*	M.	1ᵉ	Mad. *Bawr*.
Léon de Norweld, *ou le Prisonnier de Stockholm*	M.	1ᵉ	demi-droit pour *Aude*.
Léonce, *ou le Fils adoptif*	O.	2ᵉ	demi-droit pour *Marsollier*.
Léonore, *ou l'Amour conjugal*	O.	2ᵉ	*Bouilly*, *Gaveaux*.
Lépreux de la vallée d'Aoste (le)	M.	1ᵉ	*Comberousse*, *Daubigny*, *Merle*.
Lettre de change (la)	O.	3ᵉ	demi-droit pour *Bochsa*.
Lever du rideau (le)	V.	3ᵉ	*Charrin*.
Lévite d'Éphraïm (le)	M.	1ᵉ	Mad. *Alexandre*.
Libellistes (les)	C.	1ᵉ	demi-droit pour *Boursault*.
Libérateur (le)	C.	3ᵉ	*Mercier*.
Liberté des Costumes (la)	V.	3ᵉ	*Touchard*, propriétaire.
Ligue des Femmes (la), *ou le Roman de la Rose*	V.	3ᵉ	*Ourry*, *Chazet*.
Lili Taquinet	C.	4ᵉ	*Sidony*.
Lina, *ou le Mystère*	O.	1ᵉ	demi-droit pᵉ *Révéroni de St.-Cyr*.
Linnée, *ou les Mines de Suède*	O.	1ᵉ	*Dejaure* jeune, *Dourlen*.
Lion de Florence (le)	P.	1ᵉ	cinq sixièmes du droit pour *Frédéric*.
Lion parlant (le)	M. F.	1ᵉ	*Charrin*.

Titres des Pièces.	Genres.	Classes.	Auteurs et quotité du droit.
Lisbeth	O.	1^e	un quart du droit p^r *de Favières*.
Lisbeth et Müller, *ou* la Fille soldat.	B. P.	1^e	*Blache*.
Lise et Colin, *ou* la Fille mal gardée.	O.	2^e	*Eugène Hus*, *Gaveaux*.
Lise et Colin dans leur ménage, *ou la suite de la Fille mal gardée*	P.	3^e	*Augustin Hapdé*, *Foignet* fils.
Lisez Plutarque	O.	3^e	demi-droit pour *Léger*, *Chazet*.
Lithographe (le)	V.	3^e	*Sewrin*, *L. Tousèz*.
Loca aire (le)	O.	3^e	*Sewrin*, *Gaveaux*.
Lodoïska, *ou* les Tartares	O.	1^r	*F. Loraux*, *Cherubini*.
Lodoïska, *ou* les Tartares	O.	1^r	demi-droit pour *Kreutzer*.
Lolotte et Fanfan, *ou* les Flibustiers.	P.	1^e	*Frédéric*.
Lord et son Jockey (le)	O.	1^e	demi-droit pour *Leblanc*.
Loterie (la), *ou* les Petites Marionnettes	V.	3^e	*Sewrin*, *Chazet*.
Louis IX	T.	1^e	*Ancelot*.
Louise et Ferdinand	C.	2^e	*Boursault*.
Loup-Garou (le)	V.	3^e	demi-droit pour *Ourry*.
Loups dans la bergerie (les)	V.	3^e	*Ménissier*.
Loups et les Brebis (les)	V.	3^e	*Sewrin*.
Lovelace de la Halle (le)	V.	3^e	*Camel*.
Lucette	O.	1^e	*Lantier*, *Fridzéri*.
Lucette et Lucas	O.	3^e	demi-droit p^r *Leblanc*.
Lucette et Montfort	C.	2^e	*F. Loraux*.
Luceval	D.	2^e	*Mercier*.
Lucrèce	T.	1^e	*Arnault*.
Lutèce, *ou* la Fondation de Paris	M.	1^e	*Dubois*, *Hubert*.
Lui-même	O.	3^e	demi-droit p^r *A. Piccinni*.
Lundi, Mardi, Mercredi, *ou* Paris, Melun et Fontainebleau	V.	1^e	*Sewrin*, *Chazet*.
L'un pour l'autre	O.	3^e	demi-droit pour *Vial*.
Lydia-Seymours, *ou* l'Injuste Divorce.	M.	1^e	*Décourty*, *Qunisain*.

M.

Titres des Pièces.	Genres.	Classes.	Auteurs et quotité du droit.
Macbeth	P.	1^e	Cuvelier, Franconi jeune.
Macbeth, *ou les Sorcières de la forêt de Birnam*	P.	1^e	Cuvelier.
Machabées (les)	M.	1^e	Cuvelier, Léopol l.
Maclovie, *ou la Peine du Tallion*	M.	1^e	Mad. Barthélemi Hadot.
Maçon (le)	O.	3^e	Sewrin, Lebrun.
Madame Angot au Malabar	M.	1^e	demi-droit pour Aude
Madame Angot au Sérail de Constantinople	M.	1^e	Perlet, propriétaire.
Madame Angot dans son ballon	V.	3^e	Aude, Mad. Belfort.
Madame Fayart	V.	3^e	demi-droit pour Dumolard.
Madame Frontin, *ou les deux Duègnes.*	V.	3^e	deux tiers du droit p^r Chazet et Dubois.
Madame de Sévigné	C.	2^e	Bouilly.
Madame de Valnoir	M.	1^e	un douzième du droit p^r Quaisain.
Madame Villeneuve, *ou la Tireuse de Cartes*	V.	3^e	demi droit p^r Guilbert de Pixerécourt.
Mademoiselle Bourache et Monsieur Quinquina	V.	3^e	Camel.
Mademoiselle Delaunay à la Bastille	O.	3^e	demi-droit pour Madame Gail.
Mademoiselle Farce	M.	2^e	Dubois.
Mademoiselle Gaussin	V.	3^e	Chazet.
Mahomet II	M.	1^e	Charrin, Dusaulchoix.
Mahomet Barbe-Bleue, parodie de Mahomet II	V.	3^e	Ourry, Chazet, Merle.
Mai d'Amour (le), *ou le Rival complaisant*	V.	3^e	Chazet, Ourry.
Mai (le), *ou la Fête du Printemps*	V.	3^e	Sewrin, Chazet.
Main de bois (la)	M.	1^e	Boirie, Daubigny, Poujol.
Main de fer (la), *ou l'Épouse criminelle*	M.	1^e	Cuvelier.
Maison à vendre	O.	3^e	demi-droit pour Alex. Duval.
Maison en Loterie	O.	3^e	un tiers pour Piccinni.
Maison de Choisy (la). (*voyez* l'Ennemi des Modes.)			
Maison de Molière (la)	C.	1^e	Mercier.
Maison de Pantin (la)	V.	3^e	Merle, Ourry.
Maison de Socrate (la)	C.	1^e	Mercier.
Maison donnée (la)	C.	4^e	Alex. Duval.
Maison du Marais (la)	O.	1^e	demi-droit pour Alex. Duval.

Titres des Pièces.	Genres.	Classes.	Auteurs et quotité du droit.
Maison incendiée (la)	M.	3e	Ménissier, Ed. Damarin.
Maison isolée (la), *ou* le Vieillard des Vosges	O.	2e	demi-droit pour Marsollier.
Maison murée (la)	M.	1e	un sixième du droit pour Quaisain.
Maître Adam, menuisier de Nevers	V.	3e	demi-droit pour Prévost-d'Iray
Maître Frontin à Londres	C.	4e	Dubois.
Maître de Chapelle (le)	O.	3e	Duval, Mad. Sophie Gay, Paër.
Maître et le Valet (le), *ou* l'Intrigue au Château	O.	1e	Justin, Kreutzer.
Maîtresses filles (les)	V.	3e	Dubois.
Major Palmer (le)	O.	1e	demi-droit pour Bruni.
Mal-avisé (le), *ou* les deux Valets	C.	4e	Guilbert de Pixerécourt.
Maleck-Adhel	M.	1e	un sixième du droit pour A. Piccinni,
Malin Bonhomme (le)	C.	4e	Alex. Duval.
Mamans rosières (les)	V.	3e	Dubois.
Manie des Campagnes (la)	V.	3e	Ourry, Merle.
Manie des Grandeurs (la), *ou* l'Intrigante	C.	1e	Alexandre Duval.
Manie des Romans (la)	V.	2e	demi-droit pour Bouilly.
Manlius Torquatus	T.	1e	Prévost d'Iray.
Mannequin (le)	O.	3e	demi-droit pour Chapelle.
Manon Lescaut	M.	1e	deux tiers du droit pour Gosse.
Marcel, *ou* l'Héritier supposé	O.	3e	Guilbert de Pixerécourt, Persuis.
Marcelin	O.	3e	Bernard Valville, Lebrun.
Marchande d'Amadou (la) et la Marchande de Gâteaux de Nanterre	V.	3e	Prévost.
Marchande de Modes (la), parodie de la Vestale	V.	3e	demi-droit pour Jouy.
Maréchal de Luxembourg (le)	M.	1e	cinq sixièmes pour Frédéric, Boirie.
Maréchal de Saxe (le)	O.	3e	demi-droit pour Gosse.
Maréchal de Turenne (le)	P.	1e	Cuvelier.
Maréchal de Villars (le)	M.	1e	demi-droit pour Frédéric.
Margot, *ou* la Pie borgne	V.	3e	Chazet, Ourry, Simonin.
Marguerite d'Anjou	M.	1e	Guilbert de Pixerécourt.
Marguerite de Strafford	M.	1e	sept douzièmes du droit pour Leblanc de Ferrières, Quaisain, Renat.
Maria, *ou* la Demoiselle de compagnie	C.	3e	deux tiers du droit pour Léger.
Maria, *ou* le Mauvais Fils	P.	1e	Franconi jeune.
Mariage à la Turque (le)	V.	3e	demi-droit pour Crosnier.
Mariage comique (le)	V.	3e	Touchard, propriétaire.
Mariage de Benoît (le)	V.	3e	Aude.
Mariage de Clovis (le)	M.	1e	Dubois, Léopold.
Mariage de Croûton (le)	V.	3e	un tiers du droit pour Merle.
Mariage de Figaro (le)	O.	1e	droit entier pr Castil-Blaze.

Titres des Pièces.	Genres.	Classes.	Auteurs et quotité du droit.
Mariage de la veille (le)	O.	3e	demi-droit pour *Jadin*.
Mariage de M. Beaufils (le)	C.	3e	*Jouy*.
Mariage de Nina Vernon (le)	C.	3e	deux tiers du droit pr *Dubois, Chazet*.
Mariage du Capucin (le), *ou* l'Hôtellerie des Pyrénées	C.	2e	*Pelletier-Volmérange*.
Mariage en enfer (le)	P.	1re	*Hector Chaussier*.
Mariage en poste (le)	C.	4e	*Décour, Maldan*.
Mariage par commission (le)	O.	3e	*Simonnin, Bruni*.
Mariage par imprudence (le)	O.	3e	*Jouy, Dalvimare*.
Mariage par saisie (le), *ou* Dufresny et sa Servante	V.	3e	deux tiers du droit pr *Merle, Ourry*.
Mariage rompu (le)	B.	1re	*Henri*.
Mariage secret (le)	O.	1re	*Castil-Blaze*.
Mariage secret (le)	O.	2e	*Perlet*, propriétaire.
Mariage singulier (le)	V.	3e	*Favart* fils.
Mariage sous d'heureux auspices (le)	V.	3e	demi-droit pour *Leblanc Deserrières*.
Mariages faits et rompus (les)	B.P.	3e	*Blache*.
Mariages inattendus (les)	O.	3e	demi-droit pr *Gaveaux*.
Marianne, *ou* l'Amour maternel	O.	3e	demi-droit pr *Marsollier*.
Mari confesseur (le)	V.	3e	*Sewrin*.
Mari confident (le)	C.	3e	un tiers du droit pr *Varez*.
Mari d'autrefois (le)	C.	2e	*Boursault*.
Mari d'emprunt (le)	O.	3e	demi-droit pour *Hennequin*.
Mari d'emprunt (le), *ou* les deux Angola	V.	3e	*Léger, Chazet*.
Mari d'un jour (le)	O.	3e	*Hennequin, Quaisain*.
Mari en gage (le)	C.	2e	*De Favières* père.
Mari et l'Amant (le)	C.	3e	*Vial,*
Mari Hermite (le)	C.	4e	*Boursault*.
Mari incognito (le)	C.	2e	*Delœuvre*.
Mari Instituteur (le)	C.	4e	*Dumolard*.
Mari Juge et Partie (le)	C.	4e	*Ourry, Chazet*.
Mari pour étrennes (le)	O.	3e	demi-droit pour *Bochsa*.
Mari Revenant (le)	O.	3e	demi-droit pr *Foignet* fils
Mari Sylphe (le)	O.	2e	demi-droit pour *Fridzéri*.
Mari Valet de sa Femme (le)	C.	4e	*Décour, Aude* neveu.
Marie de Montpellier et Pierre d'Arragon, *ou* l'Origine du chevalet	B.P.	2e	*Gilbert* (J.).
Marie Stuart	T.	1re	*P. Lebrun*.
Marie Stuart, imitée de Schiller	M.	1re	demi-droit pour *Merle*.
Marini, *ou* le Muet de Venise	O.	1re	*Delrieu, Dourlen*.
Marion de l'Orme, *ou* un Moment de Caprice	V.	3e	*de Favières, Chazet*.

Titres des Pièces.	Genres.	Classes.	Auteurs et quotité du droit.
Maris corrigés (les)	C.	2ᵉ	*Lachabeaussière.*
Maris Garçons (les)	O.	3ᵉ	demi-droit pour *Berton.*
Marius à Minturnes	T.	1ᵉ	*Arnault.*
Marmontel et Thomas, *ou la Parodie de Cinna*	V.	3ᵉ	*Dumolard.*
Marot et sa Servante	V.	3ᵉ	un tiers du droit pᵉ *Chazet.*
Marquis de Carabas (le), *ou le Chat botté*	V.	2ᵉ	deux tiers pour *Dubois, Simonin.*
Marquis de Moncade (le), *ou les Comédiens de Société*	V.	3ᵉ	*Sewrin.*
Marquis de Pommenars (le)	C.	3ᵉ	madame *Sophie Gay.*
Marquise de Gange (la), *ou les trois Frères*	M.	1ᵉ	*Dubois, Léopold, Boirie.*
Martial et Angélique	P.	1ᵉ	*Cuvelier.*
Martingale (la), *ou le Secret de gagner au Jeu*	V.	3ᵉ	un tiers du droit pᵉ *Bélurgey.*
Marton et Frontin, *ou Assaut de Valets*	C.	3ᵉ	*Dubois.*
Martyrs (les), *ou Eudore et Cymodocée*	P.	1ᵉ	*Cuvelier.*
Masque de Fer (le)	T.	1ᵉ	*Boursault.*
Masque tombé (le), *ou le Bal de l'Opéra*	V.	3ᵉ	un tiers du droit pour *Châteauvieux,*
Ma Tante Aurore	O.	2ᵉ	demi-droit pour *Boieldieu.*
Ma Tante Rose	V.	3ᵉ	*Gilbert*
Mathieu Laensbergh	V.	3ᵉ	*Chazet, Ourry.*
Mathilde	D.	2ᵉ	Mlle. *Dégotty.*
Matin et Soir	V.	2ᵉ	un quart pour *Chazet.*
Matinée d'un jeune homme (la)	V.	3ᵉ	*Defrenoy.*
Maure de Venise (le), *ou Othello*	P.	1ᵉ	*Cuvelier.*
Maures d'Espagne (les), *ou le Pouvoir de l'Enfance*	M.	1ᵉ	*Guilbert de Pixerécourt.*
Maurico de Venise	V.	3	*Sewrin.*
Mauvaises têtes (les)	V.	3ᵉ	*Sewrin, Ourry, Chazet.*
Médecin de Palerme (le)	V.	3ᵉ	*Sewrin Chazet.*
Médée	O.	1ᵉ	demi-droit pour *Chérubini.*
Médée. (traduit de l'anglais)	T.	1ᵉ	*Boursault.*
Médée et Jason	O.	1ᵉ	*Milcent, Fontenelle.*
Médée et Jason	B. P.	1ᵉ	*Blache.*
Médée, *ou l'Hopital des fous*	V.	3ᵉ	demi droit pᵉ *Hector Chaussier.*
Médisant (le)	C.	2ᵉ	*Gosse.*
Méfiant (le)	C.	1ᵉ	*Onézime Leroy.*
Melcourt et Verseuil	C.	4ᵉ	*André Murville.*

Titres des Pièces.	Genres.	Classes.	Auteurs et quotité du droit.
Mélidor et Phrosine	O.	1e	Arnault, Méhul.
Ménage de Molière (le)	C.	2e	demi-droit pour Justin.
Ménestrels (les)	O.	1e	demi droit pour Révérony de St.-Cyr.
Menteur maladroit (le)	O.	3e	Hennequin, Lebrun.
Menuisier de Livonie (le), ou les Illustres voyageurs	C.	2e	Alex. Duval.
Menuisier de Vierzon (le)	V.	3e	Cuvelier.
Méprise (la)	O.	3e	demi-droit pour Mad. Gail.
Méprise (la)	C.	4e	Mad. Bawr.
Méprise volontaire (la), ou la Double Leçon	O.	3e	demi-droit pour Alex. Duval.
Méprises de l'Amour (les)	V.	3e	Touchard, propriétaire.
Méprises Espagnoles (les)	O.	3e	St.-Just, Boieldieu.
Mercure à Paris	V.	3e	Décour, Aude neveu.
Mère Camus (la)	V.	3e	Aude.
Métamorphoses (les)	V.	3e	Touchard, propriétaire.
Mettez vos lunettes	O.	3e	demi-droit pour Leblanc
Métusko, ou les Polonais	M.	1e	demi-droit pour Varez
Meûniers (les) et les Meûnières, ou le Moulin	B.	3e	Blache.
Meûniers (les), ou les Rendez-vous nocturnes	B.P.	2e	Blache.
Meurtrier (le)	M.	1e	Crosnier, St.-Hilaire.
Michel-Ange	O.	3e	demi-droit pour Delrieu.
Michel Cervantes	O.	1e	demi-droit pour Foignet.
Michelin, ou l'Humanité récompensée.	M.	1e	Moline.
Michel Montaigne	C.	1e	Guy.
Michel Morin	V.	3e	Léger.
Milicien (le)	B.P.	3e	Blache.
Milton	O.	3e	trois quarts pour Jouy, Spontini.
Mine de Beaujonc (la)	P.	2e	Franconi jeune, A. Piccinni.
Mines de Pologne (les)	M.	1e	Guilbert de Pixerécourt.
Mineur d'Aubervald (le)	M.	1e	demi-droit pour Frédéric.
Ministre Allemand (le)	D.	2e	Bonel.
Ministre Anglais (le)	C.	1e	Riboutté.
Minuit, ou la Mort de Mardi gras	B. P.	3e	Gilbert.
Misère et Gaîté	V.	3e	demi-droit pour Simonin.
Misantrope corrigé (le)	C.	4e	Hector Chaussier.
Modernes enrichis (les)	C.	2e	Pujoulx.
Mœurs de Londres (les)	C.	3e	Boursault.
Moïse en Égypte	O.	1e	droit entier pr Castil-Blaze.
Moisson (la)	V.	3e	Sewrin.
Molière chez Ninon. (voyez la Lecture du Tartuffe.)			

Titres des Pièces.	Genres.	Classes.	Auteurs et quotité du droit.
Mon Cousin de Dreux	V.	3ᵉ	*Sewrin, Chazet.*
Monastère abandonné (le), *ou la Malédiction paternelle*	M.	1ʳ	*Guilbert de Pixerécourt.*
Mon Cousin de Paris	O.	5ᵉ	*Léger, Jadin.*
Mon Oncle Antoine	V.	3ᵉ	*Sewrin.*
Mon Oncle Thomas	C.	2ᵉ	*Mirecour.*
Monsieur Bonace	C.	4ᵉ	*Bosquier.*
Monsieur Beaufils, *ou la Conversation faite d'avance*	C.	3ᵉ	*Jouy.*
Monsieur Blaise, *ou les deux Château*	V.	2ᵉ	*Sewrin, Ourry, Chazet.*
Monsieur Botte tout seul	V.	3ᵉ	*Ponet.*
Monsieur Boulevard	V.	3ᵉ	un tiers du droit pour *Merle.*
Monsieur Courte vue	V.	3ᵉ	demi-droit pʳ *Simonin.*.
Monsieur d'Aigrieux, *ou l'Envie*	C.	2ᵉ	*Onésime Leroy.*
Monsieur de Bièvre, *ou l'Abus de l'esprit*	V.	3ᵉ	*Gassicourt*, propriétaire.
Monsieur de Croustignac	M.	1ʳ	*Hineaux, Quaisain.*
Monsieur de la Nigaudière	C.	4ᵉ	*Henry Lemaire.*
Monsieur Desbosquets	O.	3ᵉ	*Sewrin, Berton* fils.
Monsieur Deschaloineaux	O.	1ᵉ	demi-droit pour *Gaveaux.*
Monsieur Desortolans	C.	4ᵉ	*Chazet, Bosquier.*
Monsieur Duguignon	V.	3ᵉ	*Chevrillon, Frédéric.*
Monsieur Girouette	C.	4ᵉ	*Dubois.*
Monsieur Grégoire, *ou Courte et Bonne*	V.	3ᵉ	*Chazet, Merle, Des-Essarts.*
Monsieur Lecoq, *ou les Valets en deuil*	V.	3ᵉ	*Chazet, Simonin.*
Monsieur Malbrough, *ou Mironton, ton, ton, mirontaine*	V.	3ᵉ	un tiers de droit pʳ *Dubois.*
Monsieur Nacarat, *ou les Passions d'un cœur sensible*	C.	4ᵉ	*Brunet* propriétaire.
Monsieur Papillon	V.	3ᵉ	demi-droit pour *Chazet.*
Monsieur Toussaint, *ou les Couplets de fête*	V.	3ᵉ	deux tiers pʳ *Chazet, Dubois.*
Monsieur Tranquille, *ou l'Incendie*	V.	3ᵉ	un quart pour *Merle.*
Monsieur et Madame André	V.	3ᵉ	*Travault, Lecomte.*
Monsieur et Madame Bernard	V.	3ᵉ	*Dubois.*
Monsieur et Madame Pepin	V.	3ᵉ	*Sewrin, Chazet.*
Montagnards Auvergnats (les), *ou l'École de la bienfaisance*	V.	3ᵉ	*Pujoulx.*
Montagnes russes (les)	V.	3ᵉ	un quart du droit pour *Mérle.*
Mont Alphéa (le)	O.	1ʳ	*Lebrun-Tossa, Foignet.*

Titres des Pièces.	Genres.	Classes.	Auteurs et quotité du droit.
Montano et Stéphanie	O.	3e	trois quarts pr *Dejaure* jeune, *Berton.*
Montbars l'Exterminateur, *ou* les derniers Flibustiers	M.	1re	demi-droit pr *Bosquier.*
Montmorency	T.	1e	*Carrion-Nisas.*
Montoni, *ou* le Château d'Udolphe.	M.	1e	*Alex. Duval.*
Mon tour de garde, *ou* la première nuit manquée	V.	3e	*Dubois, Chazet.*
Mont Sauvage (le)	M.	1e	*Guilbert de Pixerécourt.*
Montre d'or (la), *ou* le Retour d'un bon fils	M.	2e	*Cuvelier, Léopold.*
Monval et Sophie, *ou* le nouveau Père de famille	D.	2e	demi-droit pr *Touchard* propriétaire.
Mort d'Abel (la)	O.	1e	demi-droit pr *Kreutzer.*
Mort de Cadet-Roussel (la)	V.	2e	*Boullault.*
Mort de Jeanne d'Arc (la)	T.	1e	*Dumolard.*
Mort de Kléber (la), *ou* les Français en Égypte	P.	2e	*Cuvelier.*
Mort de Turenne (la)	M.	1e	*Bouilly, Cuvelier.*
Mort du capitaine Cook (la), *ou* les Insulaires d'O-whihé	P.	2e	*Franconi* jeune.
Mort du chevalier d'Assas (la)	M.	2e	demi-droit pour *Taylor.*
Mort du Tasse (la)	O.	3e	demi-droit pr *Cuvelier, Barouillet, Demoun.*
Mort imaginaire (le)	C.	2e	*Hector Chaussier.*
Mot de l'Énigme (le)	V.	3e	un tiers du droit pour *Chazet.*
Mouchoir (le) *ou* l'Odalisque volontaire	C.	4e	demi-droit pour *Dubois.*
Moulin de Mansfield (le)	M.	1e	un sixième du droit pr *Quaisain, Renat.*
Moulin du père Simon (le)	V.	3e	*Camel.*
Muets (les)	V.	3e	un tiers du droit pour *Léger.*
Muets à la mode (les)	C.	4e	demi-droit pour *Gosse.*
Muette de Sénez (la)	M.	1e	un sixième du droit pr *Darondeau.*
Muette (la), *ou* la servante de Vilhein	P.	3e	*Cuvelier, Léopold.*
Muletier (le)	O.	3e	demi-droit pour *Hérold.*
Mustapha, *ou* le Turc directeur de spectacle	O.	3e	*Gosse, Mazas.*
Myrrha	T.	1e	*Souriguère.*
Mystère et Jalousie	C.	4e	*Champfeu.*
Mystère (le), *ou* les deux Frères rivaux	M.	1e	un sixième du droit pr *Quaisain.*
Mystères d'Isis (les)	O.	1e	*Morel - Chedeville, Lachnith.*

N.

Titres des Pièces.	Genres.	Classes.	Auteurs et quotité du droit.
Nadir et Sélim, *ou les deux Artistes*.	O.	1ᵉ	*Justin Gensoul , Romagnésy.*
Nain jaune (le)	M.	1ᵉ	*Coffin-Rosny , Cuvelier.*
Naissance d'Arlequin (la), *ou Arlequin dans un œuf.*	M.	1ᵉ	*Augustin Hapdé , Foignet* fils.
Naissance de la Pantomime	M.	2ᵉ	*Cuvelier.*
Natalie	C.	1ᵉ	*Mercier.*
Natalie, *ou la Famille russe*	O.	1ᵉ	demi-droit pour *Guy.*
Naufrage (le). (*Voyez* les Héritiers.)			
Négociant de Hambourg (le)	V.	3ᵉ	demi-droit pour *Lecomte.*
Négociant de Hambourg (le)	O.	1ᵉ	*Vial , Révéröny de St.-Cyr, Kreutzer.*
Négocians (les)	C.	1ᵉ	*Boursault.*
Nègre par amour (le)	O.	3ᵉ	*St.-Just , de Villeblanche.*
Ne jugez pas sur l'apparence	V.	3ᵉ	Mad. *Belfort.*
Ne pas croire ce qu'on voit	V.	3ᵉ	demi-droit pour *Année.*
Nephtali , *ou les Ammonites*	O.	1ᵉ	demi-droit pour *Aignan*
Neuf heures	C.	2ᵉ	Mad. *Barthélemi Hadot.*
Nicaise de Vadé (le)	V.	3ᵉ	*Léger.*
Nicaise peintre	V.	3ᵉ	*Léger.*
Nid d'Amour (le)	M.	3ᵉ	*Eugène Hus.*
Nina, *ou la Folle par amour*	O.	3ᵉ	demi-droit pour *Marsollier.*
Nina, *ou la Folle par amour*	B.P.	2ᵉ	*Milon , Persuis.*
Ninette à la Cour. (*Th. Feydeau*)	O.	2ᵉ	trois quarts pour *Favart* fils , *Berton.*

Titres des Pièces.	Genres.	Classes.	Auteurs et quotité du droit.
Ninette à la Cour. (*Th. du Vaude-ville*)...	V.	3ᵉ	deux tiers pʳ *Ourry*, *Chazet*.
Ninon chez Madame de Sévigné...	O.	3ᵉ	demi-droit pour *Berton*.
Ninon de Lenclos...	V.	3ᵉ	demi-droit pour *Ragueneau*.
Ninus II...	T.	1ᵉ	*Brifaut*.
Nirzal...	M.	1ᵉ	un sixième pour *Taix*.
Noce Béarnaise (la)...	O.	2ᵉ	demi-droit pour *Leblanc*.
Noce de village (la)...	V.	3ᵉ	demi-droit pour *Dubois*.
Noce interrompue (la)...	V.	3ᵉ	demi-droit pour *Merle*.
Noce villageoise (la)...	B.P.	2ᵉ	*Blache*.
Noces de Gamache (les)...	B.P.	2ᵉ	*Milon*, *Lefebvre*.
Noces de Gamache (les)...	O.	1ᵉ	demi-droit pour *Bochsa*.
Noces de Lucette (les)...	O.	3ᵉ	demi-droit pour *Foignet* fils.
Noir et Blanc, *ou le Meûnier et le Charbonnier*...	B.P.	3ᵉ	*Gilbert* (J.).
Nommez-la comme vous voudrez...	C.	4ᵉ	*Aude*.
Noms supposés (les)...	O.	3ᵉ	*Pujoulx*, *Gaveaux*.
Nonne sanglante (la)...	M.	1ᵉ	*Boullault*.
Nourjahad et Chérédin, *ou l'Immor-talité à l'épreuve*...	M.	1ᵉ	un sixième pour *Quaisoin*.
Nourrissons (les)...	V.	3ᵉ	demi-droit pour *Simonin*.
Nous verrons...	V.	3ᵉ	*Sewrin*.
Nouveau Cagliostro (le), *ou l'Illuminé*.	C.	1ᵉ	*Boursault*.
Nouveau Débarqué (le)...	V.	3ᵉ	*Gosse*.
Nouveau Doyen de Killerine (le)...	C.	2ᵉ	*Mercier*.
Nouveau Mentor (le)...	C.	4ᵉ	*Gosse*.
Nouveau Propriétaire (le)...	V.	3ᵉ	*Dupeuty*, *Villeneuve*.
Nouveau Ricco (le)...	C.	3ᵉ	*Aude*.
Nouveau Seigneur de village (le)...	O.	3ᵉ	trois quarts pʳ *de Favières*, *Boieldieu*.
Nouvelles réjouissances (les), *ou l'Im-promptu de Nanterre*...	V.	3ᵉ	*Sewrin*.
Nuit Espagnole (la)...	O.	2ᵉ	demi-droit pour *Persuis*.
Nuit aux bois (la), *ou le Muet de cir-constance*...	O.	3ᵉ	demi-droit pour *Gaveaux*.

O.

Titres des Pièces.	Genres.	Classes.	Auteurs et quotité du droit.
OCTAVIE	T.	1ᵉ	*Souriguère.*
OEnone	O.	3ᵉ	demi-droit pour *Bailly.*
Officier Cosaque (l')	O.	3ᵉ	*Cuvelier, Barouillet, Dumonchau, Gianella.*
Officier enlevé (l')	O.	3ᵉ	demi-droit pour *Duval.*
Officier de fortune (l')	O.	2ᵉ	demi-droit pour *Bruni.*
Officier de quinze ans (l')	V.	3ᵉ	*Chazet.*
Oiseleur et le Pêcheur (l'), *ou* l'Anneau perdu	V.	3ᵉ	deux tiers pʳ *Ferd. Laloue, Saintine.*
Olinde et Sophronie	D.	1ᵉ	*Mercier.*
Olivier et Rosemonde	O.	3ᵉ	demi-droit pour *de Nervaux.*
Olympia, *ou* la Caverne de Strozzi.	M.	1ᵉ	*Gibert, Quaisain, Darondeau.*
Olympie	O.	1ᵉ	trois quarts du droit pour *Brifaut, Spontini.*
Oncle rival (l')	C.	3ᵉ	Mad. *Lesparat.*
Oncle Valet (l')	O.	3ᵉ	demi-droit pour *Alex. Duval.*
Onze heures du soir, *ou* l'Hôtel et la Mansarde	M.	1ᵉ	deux tiers du droit pʳ *Boirie, Merle.*
Onze, 76, 78, *ou* le Terne de Gonesse.	V.	3ᵉ	deux tiers pour *Dubois, Chazet.*
Opéra au village (l')	O.	3ᵉ	demi-droit pour *Sewrin.*
Oracle (l')	O.	3ᵉ	*Desriaux, Porta.*
Orage (l')	O.	3ᵉ	demi-droit pour *Foignet.*
Orang-Outang (l')	P.	1ᵉ	cinq sixièmes du droit pʳ *Bignon.*
Ordre des Côteaux (l')	V.	3ᵉ	*Prévost-d'Iray.*
Ordre et Désordre	C.	2ᵉ	*Sewrin, Chazet.*
Orgues de Barbarie (les)	V.	3ᵉ	*Sewrin, Chazet.*
Originaux au Café (les)	V.	3ᵉ	demi-droit pour *Merle.*
Orphée et Eurydice	O.	1ᵉ	demi-droit pour *Moline.*
Orphelin et le Curé (l')	C.	4ᵉ	*Léger.*
Orphelin soldat (l')	M.	1ᵉ	*Cuvelier.*
Oscar, fils d'Ossian	T.	1ᵉ	*Arnault,* père.
Ossian cadet, *ou* les Guimbardes	V.	3ᵉ	un tiers du droit pour *Chazet.*
Otage (l'), *ou* l'Intrigant démasqué.	V.	3ᵉ	*Bonel.*
Othello, *ou* le Maure de Venise	T.	1ᵉ	*Mercier.*
Ours blanc (l')	M.F.	1ᵉ	*Charrin.*
Ours et l'Enfant (l')	P.	1ᵉ	*Cuvelier, Varez.*
Ours et le Pacha (l')	V.	3ᵉ	demi-droit pour *Saintine.*
Owinska	O.	1ᵉ	*Villemontez, Gaveaux.*

P.

Titres des Pièces.	Genres.	Classes.	Auteurs et quolité du droit.
PAGES du duc de Vendôme (les)....	B.P.	3e	*Aumer.*
Paix (la)............................	C.	3e	*Aude.*
Paix (la), *ou la Fête d'un bon Roi*..	P.	3e	*Cuvelier*, *Franconi* jeune.
Palma, *ou le Voyage en Grèce*.....	O.	2e	demi-droit pour *Lemontey.*
Palmérin, *ou le Solitaire des Gaules.*	M.	1er	un douzième du droit pr *Quaisain.*
Paméla mariée.....................	C.	1er	*Desriaux.*
Paméla mariée, *ou le Triomphe des Épouses*.......................	D.	2e	demi-droit pr *Pelletier-Volmérange.*
Panurge dans l'île des Lanternes....	O.	1er	demi-droit pr *Morel-Chédeville.*
Panorama du Boulevard du Temple (le).	V.	3e	demi-droit pour *Varez.*
Paoli, *ou les Corses et les Génois*..	M.	1er	*Frédéric, Lepoitevin.*
Papesse Jeanne (la)................	V.	3e	*Léger.*
Parachûte (le).....................	V.	3e	*Hector Chaussier, Augustin Hapdé.*
Paradis de Mahomet (le), *ou la Pluralité des Femmes*.................	O.	1er	demi-droit pr *Kreutzer, Kreubé.*
Paratonnerres (les)................	V.	3e	*Boirie, Daubigny.*
Parasite (le)......................	V.	3e	*Léger.*
Parens d'un Jour (les).............	O.	3e	demi-droit pour *Benni-Cori.*
Parens (les), *ou la Ville et le Village.*	C.	2e	*Boursault.*
Pari (le)..........................	O.	3e	demi-droit pour *Boieldieu.*
Paria (le).........................	T.	1er	*Casimir-Delavigne.*
Paris, le 29 septembre 1820........	V.	3e	demi-droit pour *Crosnier.*
Paris volant, *ou la Fabrique d'Ailes.*	V.	3e	un tiers du droit pour *Ourry.*
Parisienne en Espagne (la).........	V.	3e	demi-droit pour *Saintine.*
Partie carrée (la).................	O.	3e	*Hennequin, Gaveaux.*
Partie de Campagne (la)............	O.	3e	demi-droit pour *Jadin.*
Partie de Chasse (la)..............	C.	2e	*Aude.*
Partie d'Échecs (la)..............	C.	4e	*Chevalier.*
Partie fine (la)..................	V.	3e	deux tiers pour *Courcy, Saintine.*
Passage de la Mer Rouge (le).......	M.	1er	demi-droit pour *Augustin Hapdé.*
Passage du Péron (le), *ou les Compères*........................	V.	3e	un tiers pour *Saintine.*
Passage du Mont-St.-Bernard (le)...	P.	3e	*Aug. Hapdé, Al. Piccinni, Darondeau.*
Pâté d'alouettes (le)..............	C.	4e	*Levrier de Champ-Rion.*
Pâtre (le)......................M.M.		2e	*Franconi* jeune, *Ponet.*
Patron Jean, *ou le Pêcheur Provençal.*	V.	3e	un tiers du droit pour *Merle.*
Paul et Virginie...................	O.	1er	*de Favières, Kreutzer.*
Paul et Virginie................B.P.		1er	*Gardel, Kreutzer.*
Paul et Virginie..................	M.	1er	*Turmeau.*
Paulin............................	D.	2e	*Delrieu.*

Titres des Pièces.	Genres.	Classes.	Auteurs et quotité du droit.
Pauvre Aveugle (le)	O.	3e	*Augustin Hapdé, Porta.*
Pauvre Famille (la)	M.	1e	*Antier, Boisset.*
Pauvre Femme (la)	O.	3e	demi-droit pour *Marsollier.*
Pauvre Fille (la)	P.	1e	*Cuvelier.*
Pauvre Jacques	V.	1e	*Sewrin, Chazet.*
Pavillon (le)	O.	3e	demi-droit pr *Alex. Piccinni.*
Pavillon des Fleurs (le)	O.	3e	*Guilbert de Pixerécourt*, héritiers *Dalayrac* (Musique posthume).
Pavillon du Calife (le)	O.	2e	un tiers du droit pr *Morel-Chédeville.*
Pavillon des Lys (le), *ou la Journée du Baptême*	V.	3e	*Turmeau.*
Paysan grand Seigneur (le), *ou la Pauvre Mère*	M.	1e	*Boirie, Léopold.*
Paysan parvenu (le), *ou le Modèle des Fils*	C.	2e	*Pelletier-Volmérange.*
Paysan Picard (le)	V.	3e	demi-droit pour *Léon Rabbe.*
Paysan qui plaide avec son Seigneur (le)	C.	2e	*Mercier.*
Paysans de la ville (les)	V.	3e	*Guilbert de Pixerécourt.*
Peau d'Ane	M.	1e	cinq sixièmes pour *Augustin Hapdé.*
Peau de l'Ours (la)	V.	3e	demi-droit pr *Guilbert de Pixerécourt.*
Péchantré, *ou une Scène de tragédie.*	V.	3e	*Sewrin.*
Pêcheurs (les), *ou la Fête Catalane.*	B.P.	1e	*Gilbert* (J. B.)
Peintres d'Enseignes (les)	V.	3e	demi-droit pour *Simonnin.*
Pelage, *ou le Roi et la Paix*	O.	2e	*Jouy, Spontini.*
Pélerin blanc (le), *ou les petits Orphelins du Hameau*	M.	1e	*Guilbert de Pixerécourt.*
Pélisson, *ou c'est le Diable !*	V.	3e	deux tiers du droit pour *Chazet.*
Pensée d'un bon Roi (la)	C.	4e	*Dubois.*
Pension des Jeunes Demoiselles (la).	O.	3e	demi-droit pour *Alex. Piccinni.*
Pension des Jeunes Garçons (la)	C.	4e	*Dubois.*
Père ambitieux (le)	C.	1e	*Dorvo.*
Père avare (le)	V.	3e	*Charrin.*
Père dupe de lui-même (le)	C.	4e	*Levasseur.*
Père enfant (le)	V.	3e	*Sewrin.*
Père supposé (le)	C.	2e	*Delrieu.*
Perruque enlevée (la)	V.	3e	demi-droit pour *Merle.*
Persée et Andromède	B.P.	1e	*Gardel.*
Persico, *ou le Souper dérangé*	V.	3e	*Léger.*
Petit Almanach des Grands Hommes (le)	V.	3e	demi-droit pour *Merle.*
Petit Alphonse (le)	V.	3e	*Aude.*
Petit Candide (le), *ou l'Ingénu*	V.	3e	*Sewrin, Chazet.*

Titres des Pièces.	Genres.	Classes.	Auteurs et quotité du droit.
Petit Carillonneur (le), *ou la Tour ténébreuse*	M.	1e	*Guilbert de Pixérécourt.*
Petit Chaperon rouge (le)	O.	1e	demi-droit pour *Boieldieu.*
Petit Chaperon rouge (le)	M.	1e	demi-droit pour *Frédéric.*
Petit Corsaire (le), *ou le Retour*	V.	3e	un tiers du droit pour *Merle.*
Petit Courrier (le), *ou comme les Femmes se vengent*	V.	2e	demi-droit pour *Bouilly.*
Petit Cousin (le)	O.	3e	demi-droit pr *Cuvelier, Barouillet.*
Petit Eugène (le), *ou la Croix de Saint-Louis*	V.	3e	*Dubois.*
Petit Fifre (le)	V.	3e	demi-droit pour *Merle.*
Petit Figaro (le)	C.	2e	*Dorvo.*
Petit Gagne-Petit (le)	V.	3e	*Bernard-Valville.*
Petit Georges (le)	M.	1e	*Ferdinand Laloue, Ponet.*
Petit Joconde (le)	V.	3e	*Chazet, Merle, Ourry.*
Petit Matelot (le)	O.	3e	demi-droit pr *Gaveaux.*
Petit Matelot (le), *ou le Naufrage*	B.P.	3e	*Lefebre.*
Petit Mendiant (le)	V.	3e	demi-droit pour *Dubois.*
Petit Mensonge (le)	C.	3e	Mad. *Bawr.*
Petit Monstre de la rue Plumet (le)	V.	3e	un tiers du droit pour *Merle.*
Petit Page (le), *ou la Prison d'État*	O.	3e	trois quarts du droit pour *Guilbert de Pixérécourt, Kreutzer.*
Petit Poucet (le)	M.	1e	*Cuvelier, Augustin Hapdé.*
Petit Poucet (le)	P.	1e	cinq sixièmes du droit pour *Frédéric.*
Petite Bohémienne (la)	M.	1e	un sixième du droit pr *Amédée, Renat.*
Petite Bonne (la), *ou Qu'elle est méchante !*	V.	3e	*Dubois.*
Petite Corisandre (la)	V.	3e	un tiers pour *Courcy.*
Petite Fille du Grand-Mogol à Marseille (la)	M.	1e	*Delrieu.*
Petite Lampe merveilleuse (la) (*Th. du Gymnase*)	O.	1e	un tiers pour *Al. Piccinni.*
Petite Métromanie (la)	V.	3e	demi-droit pour *Chazet.*
Petite Nichon (la), *ou la Paysanne de la Moselle*	P.	2e	demi-droit pour *Cuvelier.*
Petites Marionnettes (les)	V.	3e	*Sewrin, Chazet.*
Petites Pensionnaires (les)	V.	3e	un tiers du droit pour *Merle.*
Petits Auvergnats (les)	O.	3e	*Guilbert de Pixérécourt.*
Petits Aveugles de Franconville (les)	O.	3e	demi-droit pour *Lebrun.*
Petits Braconniers (les), *ou les Écoliers en vacances*	V.	3e	un quart pour *Merle.*
Petits Orphelins du hameau (les). (*Voyez* le Pélerin blanc.)			
Petits Protecteurs (les)	C.	3e	demi-droit pour *Daubigny.*

Titres des Pièces.	Genres.	Classes.	Auteurs et quotité du droit.
Petits Ricochets (les)	V.	3e	*Décour, Ragueneau.*
Petits Riens (les)	B.P.	3e	*Blache.*
Petits Savoyards (les)	O.	3e	demi-droit pᵉ *Marsollier.*
Petits Troubadours (les)	M.	1e	*Frédéric, Touchard, Arquier.*
Pharamond, *ou les Francs dans les Gaules.*	M.	1e	un douzième du droit pᵉ *Quaisain.*
Phénix (le), *ou l'Isle des Vieilles*	M.	1e	*Cuvelier.*
Philinte de Destouches (le), *ou la suite du Glorieux.*	C.	1e	*Dumolard.*
Philippe d'Alsace	M.	1e	*Levasseur.*
Philippe-le-Savoyard, *ou l'Origine des Ponts-neufs.*	V.	3e	un tiers du droit pour *Chazet.*
Philippe, *ou les Dangers de l'ivresse.*	C.	3e	*Pujoulx.*
Philips et Sara	C.	4e	*Marsollier.*
Philoclès	O.	2e	*Justin, Dourlen.*
Philomèle et Térée	M.	1e	*Quaisain.*
Philosophe en Voyage (le)	O.	1e	un quart pour *Kreubé.*
Physionomiste en défaut (le), *ou Avis au Public.*	O.	2e	trois-quarts du droit pour *Souriguère.*
Pic terrible (le), *ou la Pauvre Mère.*	P.	1e	*Frédéric.*
Pie de Palaiseau (la) et le Chien de Montargis.	V.	3e	demi-droit pour *Dubois.*
Pie voleuse (la)	O.	1e	trois quarts du droit pour *Castil-Blaze et Daubigny.*
Pie voleuse (la), *ou la Servante de Palaiseau.*	M.	1e	sept douzièmes du droit pᵉ *Daubigny, A. Piccini.*
Pièce à l'étude (la), *ou Shakespear amoureux.*	C.	3e	*Alex. Duval.*
Pièce d'emprunt (la), *ou la Compilation.*	V.	3e	*Crosnier (Ed.), Saint-Hilaire.*
Pièce interrompue (la), *ou la Première Scène.*	V.	3e	un tiers du droit pour *Chazet.*
Pièce nouvelle (la)	V.	3e	*Charrin.*
Pièce en perce (la)	V.	3e	demi-droit pᵉ *Crosnier (Ed.)*
Pied de Bœuf (le) et la Queue du Chat	M.	1e	*De Rhédon, Charrin, Heudier.*
Pied de Mouton (le)	M.	1e	un sixième du droit pour *Taix.*
Pierre Alexiowitz	M.	1e	un sixième pᵉ *Quaisain, A. Piccinni.*
Pierre Corneille à Rouen	V.	3e	*Huillard.*
Pierre-le-Grand	O.	1e	demi-droit pour *Bouilly.*
Pierre-Luc, *ou le Cultivateur du Mont-Blanc.*	V.	1e	demi-droit pᵉ *Augustin Hapdé.*
Pierre, *ou le Coupable innocent*	D.	1e	*Sewrin.*
Pierre, Paul et Jean	V.	2e	*Serwin, Ourry.*

Titres des Pièces.	Genres.	Classes.	Auteurs et quotité du droit.
Pipe cassée (la)	V.	3ᵉ	un tiers du droit pour *Léger*.
Pizarre, *ou la Conquête du Pérou*	M.	1ᵉ	*Guilbert de Pixerécourt*.
Plaidoyer des Halles (le)	C.	4ᵉ	*Boirie*, *Clément*.
Plaisirs de l'Hiver (les)	V.	3ᵉ	*Sewrin*.
Plan de Comédie (le)	V.	3ᵉ	*Touchard*, propriétaire.
Plan d'Opéra (le)	O.	3ᵉ	demi-droit pour *Foignet*.
Plus de peur que de mal	V.	3ᵉ	*Léger*.
Plus de peur que de mal	O.	3ᵉ	*Faur*, *Lebrun*.
Plus heureux que sage	O.	3ᵉ	demi-droit pour *Dourlen*.
Poëte et le Musicien (le)	O.	1ᵉ	demi-droit pᵉ les héritiers *Dalayrac*. (Ouvrage posthume.)
Poëtes sans soucis (les)	O.	3ᵉ	*Sewrin*.
Poëte vertueux (le)	D.	1ᵉ	*Mercier*.
Point d'Honneur (le)	O.	3ᵉ	demi-droit pᵉ *Coffin-Rosny*.
Politique en défaut (le)	C.	3ᵉ	*Sewrin*, *Chazet*.
Polixène	T.	1ᵉ	*Aignan*.
Poltronet, *ou Marions nos Filles*	V.	3ᵉ	*Noël*.
Ponce de Léon	O.	1ᵉ	droit entier pour *Berton*.
Poniatowski	P.	1ᵉ	demi-droit pour *Franconi* jeune.
Pont de Kell (le), *ou la Prise de Strasbourg*	V.	3ᵉ	demi-droit pᵉ *Ménissier*.
Pont de Veyle	V.	3ᵉ	demi-droit pour *Gosse*.
Pont du Diable (le)	M.	1ᵉ	*Augustin Hapdé*, *Taix*.
Pont Infernal (le)	P.	1ᵉ	*Franconi* jeune.
Port de Mer (le)	B.P.	3ᵉ	*Blache*.
Portrait de J.-J. Rousseau (le), *ou Quelques Ridicules du jour*	V.	3ᵉ	un tiers du droit pour *Ourry*.
Portrait de Famille (le)	O.	3ᵉ	demi-droit pour *Frédéric Kreubé*.
Poste Prussienne (la)	V.	3ᵉ	*Léger*.
Pot de fleurs (le) (*voyez* Julie).			
Poucet et Croquemitaine	C.F.	3ᵉ	*Taylor*.
Poule aux œufs d'or (la)	V.	3ᵉ	*Touchard-Lafosse*, *Varez*.
Pour et le Contre (le), *ou le Procès du Mariage*	C.	1ᵉ	*Sewrin*.
Pourceaugnac	O.	1ᵉ	demi-droit pᵉ *Jadin*.
Pouvoir de la Reconnaissance (le), *ou le Menuisier de Touraine*	C.	3ᵉ	*Camel*.
Pouvoir de l'Enfance (le), (*voyez les Maures d'Espagne.*)			
Praxitelle, *ou la Ceinture magique*	O.	3ᵉ	demi-droit pour *Milcent*.
Préceptes de mon Père (les)	C.	4ᵉ	*Desriaux*.
Précepteurs (les)	C.	1ᵉ	*Fabre-d'Eglantine* fils.
Précieuses ridicules de Molière (les).	O.	3ᵉ	demi-droit pour *Moline*.

Titres des Pièces.	Genres.	Classes.	Auteurs et quotité du droit.
Précipice (le), *ou* les Forges de Norwège	M.	1ᵉ	*Guilbert de Pixerécourt.*
Premier Navigateur (le)	C.	4ᵉ	*Moline.*
Premier Prix (le), *ou* les deux Peintres	V.	3ᵉ	demi-droit pour *Ch. Dupeuty, Ferd. Villeneuve.*
Premier venu, (le), *ou* Six lieues de chemin	C.	2ᵉ	*Vial.*
Premier venu (le), *ou* Six lieues de chemin	O.	1ᵉ	*Vial, Hérold.*
Première représentation (la), *ou* le Couplet d'annonce	V.	3ᵉ	*Charrin.*
Présent du Prince (le)	C.	2ᵉ	*Comberousse, Daubigny.*
Prêté rendu (le)	V.	3ᵉ	un tiers pour Mad. *Lesparat.*
Prétendu et le Prétendant (le)	C.	4ᵉ	*Hineaux,*
Prévention maternelle (la)	C.	3ᵉ	*Delrieu.*
Prévention paternelle (la)	C.	3ᵉ	*Delrieu.*
Préville et Taconnet	V.	3ᵉ	un quart du droit pour *Merle.*
Primerose	O.	1ᵉ	demi-droit pᵉ *de Favières, Marsollier.*
Prince en goguette (le), *ou* la Faute et la Leçon	V.	2ᵉ	demi-droit pour *Bouilly.*
Prince de la Néva (le)	M.	1ᵉ	un sixième du droit pour *Quaisain, Darondeau.*
Prince invisible (le)	M.	1ᵉ	*Augustin Hapdé, Foignet* fils.
Prince et le Soldat (le)	M.	1ᵉ	un sixième du droit pour *Quaisain.*
Princesse de Babylone (la)	B.	1ᵉ	*Roger.*
Princesse de Babylone (la)	O.	1ᵉ	trois quarts du droit pour *Morel-Chédeville, Kreutzer.*
Princesse de Jérusalem (la)	M.	1ᵉ	un douzième du droit pour *Quaisain.*
Prince Troubadour (le)	O.	3ᵉ	*Alex. Duval, Méhul.*
Printemps (le)	B.P.	3ᵉ	*Blache.*
Prise-de-Corps (la)	C.	4ᵉ	*Boirie, Léopold.*
Prise de la Flotte (la), *ou* la Charge de Cavalerie	M.M.	1ᵉ	*Cuvelier.*
Prise de Milan (la)	M.	1ᵉ	*Cuvelier, Léopold.*
Prisonnier (le), *ou* la Ressemblance	O.	3ᵉ	demi-droit pour *Alex. Duval.*
Prisonnier Français (le)	O.	3ᵉ	*Guillet, Porta.*
Prisonnier masqué (le), *ou* le Nouveau Masque de Fer	M.	1ᵉ	*Augustin Hapdé, Leblanc.*
Prisonnier pour dettes (le)	V.	3ᵉ	*Dubois.*
Prisonnière (la)	O.	3ᵉ	cinq sixièmes pour *de St-Just, Jouy, Boieldieu, Chérubini.*
Prix Fixe, *ou* le Marchand satyrique	V.	3ᵉ	demi-droit pour *Chazet.*
Procès (le)	O.	3ᵉ	demi-droit pour *Henri Duval.*

Titres des Pièces.	Genres.	Classes.	Auteurs et quotité du droit.
Procès (le)	V.	3ᵉ	*Léger.*
Procès de l'An dix (les)	V.	3ᵉ	*Dubois, Chazet.*
Projets d'Économie (les)	C.	3ᵉ	*Daubigny.*
Projet de Fortune (le)	O.	3ᵉ	demi-droit pour *Foignet.*
Projets de Mariage (les)	C.	3ᵉ	*A. Duval.*
Projet singulier (le)	C.	4ᵉ	*Justin.*
Promesse de Mariage (la), *ou le Retour au Hameau*	O.	3ᵉ	demi-droit pour *Benni-Cori.*
Promesses de Mariage (les)	O.	2ᵉ	demi-droit pour *Berton.*
Proscrit et la Fiancée (le), *ou la Ferme embrâsée*	M.	1ᵉ	deux tiers du droit pour *Boirie, Merle.*
Proserpine	B.P.	1ᵉ	*Gardel.*
Protecteur de soi-même (le)	C.	4ᵉ	*Huillard.*
Protégé de tout le monde (le)	V.	3ᵉ	un tiers pour *Dusaulchoy.*
Provinciaux vengés dans la grande ville (les)	C.	4ᵉ	*Touchard*, propriétaire.
Psyché	B.P.	1ᵉ	*Gardel.*
Punition (la)	O.	3ᵉ	demi-droit pour *Chérubini.*
Pygmalion	B.P.	2ᵉ	*Milon, Lefebvre.*
Pygmalion	B.P.	3ᵉ	*Blache.*
Pygmalion à St.-Maur	V.	3ᵉ	un tiers du droit pour *Gosse.*

Q

Titres des Pièces.	Genres.	Classes.	Auteurs et quotité du droit.
Quart-d'heure de Rabelais (le)	V.	3ᵉ	demi-droit pᵣ *Prévost-d'Iray.*
Quatorze ans de souffrance	M.	1ᵉ	*De Rhédon, Defrenoy, Heudier.*
Quatre Femmes pour une	V.	3ᵉ	*Dubois.*
Quatre Maris pour un	O.	3ᵉ	demi-droit pᵣ *Guilbert de Pixerécourt.*
Quatre Novembre (le), *ou la Journée fatale*	M.	1ᵉ	*Jars.*
Quatre parties du Monde (les)	B. P.	3ᵉ	*Blache.*
Québrantador, *ou l'Auberge ensorcelée*	V.	3ᵉ	un tiers du droit pᵣ *Merle.*

Titres des Pièces.	Genres.	Classes.	Auteurs et quotité du droit.
Quel est le plus ridicule? *ou la Gravure en action*	V.	3ᵉ	un tiers du droit pᵣ *Gosse.*
Querelles du Ménage (les)	C.	2ᵉ	demi-droit pʳ *Dorvo.*
Questionneurs (les)	C.	4ᵉ	*Latresne.*
Queue de lapin (la)	M.	1ᵉ	un tiers du droit pʳ *Frédéric.*
Quinze ans d'absence, *ou Comme sont les Parens*	V.	3ᵉ	un tiers du droit pour *Merle.*
Quiproquo nocturnes (les)	O.	2ᵉ	*Cuvelier.*
Quitte à Quitte, *ou les Jeunes Vieillards*	V.	3ᵉ	*Ourry.*

R.

Titres des Pièces.	Genres.	Classes.	Auteurs et quotité du droit.
RACHEL, *ou la Belle Juive*	M.	1ᵉ	*Chevalier.*
Racine, *ou la Chute de Phèdre*	V.	2ᵉ	*Sewrin, Chazet.*
Raison (la), *ou l'Hymen et l'Amour*	O.	2ᵉ	demi-droit pʳ *Taix.*
Ramponeau	V.	3ᵉ	demi-droit pʳ *Simonnin.*
Rançon de Duguesclin (la)	C.	2ᵉ	*Arnault* père.
Raphaël	V.	3ᵉ	*Dubois.*
Rataplan, *ou le petit Tambour*	V.	3ᵉ	demi-droit pour *Sewrin.*
Raymond de Toulouse, *ou le Retour de la Terre Sainte*	O.	1ᵉ	*Guilbert de Pixerécourt, Foignet* fils.
Rayon de soleil (le)	M.	1ᵉ	*Lamarque.*
Réconciliation par ruse (la)	C.	3ᵉ	*Riboutté.*
Réconciliation (la), *ou le 24 Août*	V.	3ᵉ	deux tiers pour *Courcy, Ferd. Laloue.*
Regard (le), *ou la Trahison*	M.	2ᵉ	*Cuvelier, Dubois, A. Piccinni.*
Redingotte (la) et la Perruque	O.	1ᵉ	demi-droit pʳ *Kreutzer, Frédéric Kreubé.*
Regnard à Alger	V.	3ᵉ	cinq sixièmes du droit pʳ *Léger.*
Règne de douze Heures (le)	O.	2ᵉ	demi-droit pour *Bruni.*

Titres des Pièces.	Genres.	Classes.	Auteurs et quotité du droit.
Régulus	T.	1e	*Arnault* (Lucien).
Reine de Golconde (la). (*voyez* Aline).			
Reine de Persépolis (la)	P.	1e	*Aug. Hapdé, A. Piccinni, Darondeau.*
Réjouissances Autrichiennes (les)	V.	3e	*Sewrin.*
Relâche, *ou le Vaudeville qui n'en est pas un*	V.	3e	*Desfrénoy.*
Relâche pour les Répétitions générales de Fernand Cortez, *ou le Grand Opéra en Province*	V.	3e	un tiers du droit pour *Merle.*
Rémois (les)	V.	3e	demi-droit pour *Saintine.*
Remords (le)	M.	1e	*Léopold.*
Rencontre aux bains (la)	V.	3e	*Révéroni de St.-Cyr, Chazet.*
Rencontre en voyage (la)	O.	3e	*Pujoulx, Bruni.*
Rencontre imprévue (la)	C.	4e	*Mirecour.*
Rencontres au corps-de-garde (les).	V.	3e	un tiers pour *Merle.*
Rendez-vous Espagnols (les)	O.	1e	demi-droit pour *Goffin-Roxny.*
Rendez-vous supposé (le), *ou le Souper de famille*	O.	2e	*Pujoulx, Berton.*
Rendez-vous supposés (les), *ou le Fat puni*	V.	3e	*Taviau, Paris* fils.
Réné Descartes	C.	3e	*Bouilly.*
Rénégat (le), *ou la Belle Géorgienne.*	P.	1e	*Cuvelier.*
Repentir et Générosité	D.	1e	*Prévost.*
Résurrection de Cadet-Roussel (la).	V.	3e	*Aude.*
Retour (le)	O.	3e	*Bernard-Valville, Gaveaux.*
Retour au comptoir (le)	V.	3e	un tiers du droit pour *Merle.*
Retour d'Apollon (le)	B. P.	3e	*Blache.*
Retour d'Astrée (le), *ou la Correction des Mœurs*	C.	4e	*Prévost.*
Retour de Camille à Rome (le)	C.	4e	*Aude.*
Retour de Zéphir (le)	B. P.	3e	*Gardel.*
Retour du Croisé (le)	M.	3e	*Alex. Duval.*
Retour (le), *ou Ils arrivent*	V.	3e	demi-droit pour *Ragueneau.*
Retour du Printemps (le)	B. P.	2e	*Blache.*
Retournons à Paris	V.	3e	demi-droit pour *Varez.*
Réunissons-nous	V.	3e	*Desfrénoy.*
Rêve en action (le)	V.	1e	*Léger.*
Revenant de Bérézule (le)	M.	1e	*Mad. Bawr.*
Revers de fortune (les), *ou Gilblas à la Cour*	C.	2e	*Dorvo.*
Revue de l'an 6 (la)	V.	3e	deux tiers du droit pr *Léger, Chazet.*
Revue de l'an 8 (la)	V.	3e	un tiers du droit pour *Chazet.*
Revue de l'an 9 (la)	V.	3e	demi-droit pour *Chazet.*
Revue de l'an 11 (la)	V.	3e	*Chazet.*

Titres des Pièces.	Genres.	Classes.	Auteurs et quotité du droit.
Revue de Masulipatam (la)	M.	1ᵉ	*Touchard*, propriétaire.
Revue des Gobes-Mouches (la)	V.	3ᵉ	*Touchard*, propriétaire.
Ribotte le Savetier	C.	3ᵉ	*Prévost*.
Richard, *ou le Troubadour français*	P.	2ᵉ	*Cuvellier*.
Richardet et Bradamante	M.	1ᵉ	un sixième du droit pour *Quaisain*.
Richardet, *ou le Jeune Aventurier*	M.	1ᵉ	*Blanchard*.
Richardini, *ou les Aqueducs de Cozenza*	M.	1ᵉ	*Puyzaie, Camel, Quaisain, Leblanc*.
Rien (parodie d'Adrien)	V.	3ᵉ	*Lamarque, Châteauvieux*.
Rien de trop, *ou les deux Paravents*	O.	3ᵉ	demi-droit pᵉ *Boieldieu*.
Rien pour lui	M.	1ᵉ	*Faur, Alex. Piccinni*.
Riquet à la houpe	M.	1ᵉ	*Dubois, Foignet* fils.
Riquet à la houpe	V.	2ᵉ	demi-droit pᵉ *Dubois*.
Riquet à la houpe	V.	3ᵉ	demi-droit pour *Scvrin*.
Rival généreux (le)	V.	3ᵉ	demi-droit pᵉ *Aude* neveu.
Rival obligeant (le)	C.	4ᵉ	Mad. *Baur*.
Rival par amitié (le)	V.	3ᵉ	*Dumolard, Favart*.
Rivale (la) d'elle-même	C.	2ᵉ	*Loraux* aîné.
Rivales (les)	C.	4ᵉ	*Lantier*.
Rivales amies (les), *ou l'Enfant perdu*	V.	3ᵉ	Mad. *Barthélemi Hadot*.
Rivalité villageoise (la)	V.	3ᵉ	demi-droit pᵉ *Philibert*.
Rivaux de village (les)	O.	1ᵉ	*L'épagny, Le Miere*.
Robe feuille morte (la)	V.	3ᵉ	*Dubois*.
Robert le Diable	V.	2ᵉ	demi-droit pᵉ *Bouilly*.
Robert le Diable, *ou le criminel repentant*	P.	1ᵉ	*Franconi* jeune.
Robinson Crusoé	M.	1ᵉ	*Guilbert de Pixerécourt*.
Rocher de Leucade (le)	O.	3ᵉ	demi-droit pᵉ *Marsollier*.
Rodolphe, *ou la Tour de Falkenstein*	M.	1ᵉ	sept douzièmes du droit pᵉ *Hubert, Quaisain*.
Roger Bontems	V.	3ᵉ	demi-droit pour *Favart*.
Roger Bontems et Javotte	O.	3ᵉ	demi-droit pour *Moline*.
Roger Bontems, *ou le Billet de Loterie*	V.	3ᵉ	*Léger, Chazet*.
Roger de Sicile, *ou le Roi troubadour*	O.	1ᵉ	*Guy, Berton*.
Roi et le Laboureur (le)	T.	1ᵉ	*Arnault* père.
Roi et le Pâtre (le)	V.	3ᵉ	*Cuvelier*.
Roi Théodore à Venise (le)	O.	1ᵉ	un sixième du droit pᵉ *Moline*.
Roi de village (le)	V.	3ᵉ	demi-droit pᵉ *Ancelot*.
Roi de Trèfle et le Roi de Pique (le)	V.	3ᵉ	demi-droit pᵉ *Charrin*.
Roi et la Ligue (le), *ou la Ville assiégée*	O.	2ᵉ	demi-droit po ur *Bochsa*.
Roland le Furieux	P.	1ᵉ	*Cuvellier, Léopold*.
Romagnesi	O.	3ᵉ	demi-droit pᵉ *Lemontey*

Titres des Pièces.	Genres.	Classes.	Auteurs et quotité du droit.
Romains à Lyon (les)	M.	1ᵉ	*Augustin Hapdé*, *Frédéric*.
Romainville, *ou la Promenade du Dimanche*	V.	3ᵉ	*Sewrin*, *Chazet*.
Roman (le)	O.	3ᵉ	demi-droit pour *Gosse.*
Roman de la Rose (le). (*voyez la Ligue des Femmes.*)			
Roman d'un jour (le)	V.	3ᵉ	un quart du droit pour *Dumolard.*
Romance (la)	O.	3ᵉ	*Lesur*, *Loraux* jeune, *Berton.*
Romance (la) et le Portrait	V.	3ᵉ	deux tiers du droit pour *Charrin*, *Dusaulchoy*.
Romanowski	M.	1ᵉ	un douzième du droit pᵉ *Quaisain.*
Romantine et Agoni, *ou les Effets de l'amour et du ver solitaire*	V.	3ᵉ	demi-droit pᵉ *Augustin Hapdé.*
Roméo et Juliette	O.	1ᵉ	*Moline*, *Porta.*
Roméo et Juliette, *ou les Tombeaux de Véronne*	D.	1ᵉ	*Mercier.*
Romulus, *ou l'Origine de Rome*	M.	1ᵉ	*Lamey*, *Alex. Piccinni.*
Roquelaure	V.	3ᵉ	demi-droit pour *Chazet.*
Rosa, *ou l'Hermitage du Torrent*	M.	1ᵉ	*Guilbert de Pixerécourt.*
Rose Blanche (la) et la Rose Rouge	O.	1ᵉ	*Guilbert de Pixerécourt*, *Gaveaux.*
Roselly, *ou le Crime et la Vertu*	M.	1ᵉ	*Châteauvieux*, *Lamarque.*
Rosenthal	V.	3ᵉ	demi-droit pour *Ragueneau.*
Rosier (le)	B. P.	3ᵉ	*Henri.*
Rosières (les)	O.	1ᵉ	demi-droit pour *Hérold.*
Rosière des Chalets (la)	O.	3ᵉ	demi-droit pour *Jadin.*
Rosière Espagnole (la)	C.	2ᵉ	*Guy.*
Rosina et Lorenzo, *ou les Gondoliers Vénitiens*	B. P.	3ᵉ	*Aumer*, *Darondeau.*
Rosine et Zéli	O.	3ᵉ	demi-droit pour *Leblanc.*
Rossignol (le)	O.	3ᵉ	demi-droit pour *Lebrun.*
Rousseau (J.-J.) à ses derniers momens	D.	4ᵉ	*Bouilly.*
Rousseau (J.-J.) au Paraclet	C.	2ᵉ	*Aude.*
Rousseau (J.-J.) persécuté	D.	2ᵉ	Mad. *Belfort.*
Roussel et Madame Angot parvenus	V.	3ᵉ	demi-droit pour *Hector Chaussier.*
Rozelina, *ou le Château de Torrento*	M.	1ᵉ	*Gibert*, *Quaisain.*
Ruche céleste (la)	V.	3ᵉ	*Dubois.*
Ruines de Babylone (les), *ou Giafar et Zaïda*	M.	1ᵉ	*Guilbert de Pixerécourt.*
Ruines de Rome (les), *ou l'Antiquomanie*	P.	3ᵉ	*Augustin Hapdé*, *Foignet.*
Ruines de Sainte-Marguerite (les)	M.	1ᵉ	*Coffin-Rosny.*
Ruse contre Ruse	O.	1ᵉ	demi-droit pour *Jadin.*
Ruse d'un Jaloux (la)	C.	4ᵉ	*Aude.*

Titres des Pièces.	Genres.	Classes.	Auteurs et quotité du droit.
Ruses du Mari (les)	C.	2ᵉ Delrieu.	
Ruse Villageoise (la)	V.	3ᵉ Sewrin.	
Rustaut, *ou* la Roxelane de Chatou	V.	3ᵉ Sewrin.	

S.

Titres des Pièces.	Genres.	Classes.	Auteurs et quotité du droit.
SAAKEM, *ou* le Corsaire	M.	1ᵉ	sept douzièmes du droit pour *Ragueneau, Quaisain.*
Sabines de Limoges (les), *ou* l'Enlèvement supposé	V.	3ᵉ	un tiers du droit pour *Ourry.*
Sabot de Fidélité (le)	M.	1ᵉ	*Faur, Alex. Piccinni.*
Sabot miraculeux (le)	P.	1ᵉ	*Frédéric, Leblanc.*
Sabottiers (les)	O.	3ᵉ	demi-droit pour *Bruni.*
Sac ambulant (le), *ou* les Moulins de Pontoise	V.	3ᵉ	demi-droit pour *Sewrin.*
Sac et la Corde (le)	P.	2ᵉ	*Cuvelier.*
Sacrifice d'Abraham (le)	M.	1ᵉ	*Cuvelier, Léopold, Hus Desforges.*
Sacrifice indien (le)	B.P.	1ᵉ	*Henri.*
Sagesse humaine (la)	V.	3ᵉ	*Favart.*
Sage et Coquette	V.	3ᵉ	un tiers du droit pour *Merle.*
Saint-Hubert, *ou* le Cerf miraculeux	P.	1ᵉ	*Cuvelier.*
Saint-Louis villageoise (la)	V.	3ᵉ	un tiers du droit pour *Merle.*
Salomon de la rue de Chartres (le)	V.	3ᵉ	*Dubois, Chazet.*
Samson	B.P.	1ᵉ	*Henri.*
Sancho Pança dans l'île de Barataria	P.	2ᵉ	*Cuvelier, Franconi, jeune.*
Sans Tambour ni Trompette	V.	3ᵉ	un tiers pour *Merle.*
Saphira, *ou* l'Épouse d'un jour	M.	1ᵉ	*Hubert, Létoile.*
Saphirine, *ou* le Réveil magique	V.	1ᵉ	*Ourry, Chazet, Merle.*
Satyres de Boileau (les)	C.	2ᵉ	*Sewrin.*
Saül (Oratorio de)	O.	1ᵉ	deux cinquièmes du droit pour *Morel-Chédeville, Lachnith.*

Titres des Pièces.	Genres.	Classes.	Auteurs et quotité du droit.
Saül	T.	1e	Al. Soumet.
Saül et David	M.	1e	un sixième du droit pour Leblanc.
Saut de Leucade (le)	V.	1e	Mad. Belfort.
Sauvage de l'Aveyron (le)	V.	3e	un tiers du droit pour Chazet.
Sauvages de la Floride (les)	B.P.	1e	Henri, Darondeau.
Sauvages de la mer du Sud (les)	B.P.	3e	Milon.
Sauvage muet (le), ou les Deux Caraïbes	M.	1e	Delorme.
Savetier et le Financier (le)	V.	3e	un tiers du droit pour Merle.
Savoir faire (le)	O.	2e	demi-droit pour Lebrun-Tossa.
Sceptre (le) et la Charrue	O.	1e	un tiers du droit pour Alex. Piccinni.
Secret de Madame (le)	V.	3e	demi-droit pour Dumolard.
Secret révélé (le) (Ouvrage posthume)	C.	2e	Monvel, Comberousse de Monbrun.
Se fâchera-t-il?	V.	3e	Ponet.
Séjour militaire (le)	O.	3e	Bouilly, Auber.
Sélico	O.	1e	demi-droit pour St.-Just.
Sélico, ou les Nègres généreux	D.	1e	Guilbert de Pixerécourt.
Sérail (le). (voyez la Fête du Mogol).			
Sérail en goguette (le)	V.	3e	un tiers du droit pour Merle.
Sérénade (la)	O.	3e	trois quarts du droit pour mesdames Sophie Gay et Sophie Gail.
Serfs de la Scandinavie (les)	M.	1e	Hubert. Alex. Piccinni.
Sergent de Chevert (le)	V.	3e	Ch. Dupeuty, Ferd. Villeneuve.
Sergent polonais (le)	M.	1e	un sixième du droit pour Al. Piccinni.
Servante de qualité (la)	D.	2e	Pelletier-Volméranges.
Servante justifiée (la)	B.P.	3e	Gardel.
Shakespear amoureux, ou la Pièce à l'étude	C.	3e	A. Duval.
Sicilien (le), ou l'Amour Peintre	C.	4e	Levasseur.
Siège de la Rochelle (le)	M.	1e	Béraud, Leblanc.
Siège de Paris (le)	M.	1e	Hubert, St.-Amand, Al. Piccinni.
Siège du Clocher (le)	M.	1e	un sixième du droit pour Quaisain.
Sifflomanie (la)	V.	3e	demi-droit pour Décour.
Sigisberte	D.	1e	Levrier de Champ-Rion.
Sigismond	M.	1e	Hubert, Varez.
Singe voleur (le)	V.	3e	un tiers du droit pour Merle.
Six ingénus (les), ou la Famille des Innocens	B.P.	3e	Duport.
Six Pantoufles (les), ou le Rendez-vous des Cendrillons	V.	3e	un tiers du droit pour Favart.
Sœur de la Miséricorde (la)	P.	1e	un sixième du droit pour Foignet fils.
Sœur jalouse (la)	D.	2e	Piquet.
Sœur officieuse (la)	O.	3e	demi-droit pour Defrénoy.

Titres des Pièces.	Genres.	Classes.	Auteurs et quotité du droit.
Soirée des Champs-Élysées (la)	V.	3e	*Guilbert de Pixerécourt.*
Soldat (le) et le Procureur.	V.	3e	un tiers du droit pour *Merle.*
Soldat Fermier (le), suite du Soldat Laboureur.	MM.	5e	*Franconi* jeune, *Ponet.*
Soldat (le) Laboureur.	M.	5e	*Franconi* jeune, *Ponet.*
Soldat Magicien (le).	O.	5e	demi-droit pour *Deferrières.*
Soldat Tyrolien (le).	M.	1er	un tiers du droit pour *Merle.*
Soliman II, *ou les trois Sultanes*. . .	O.	1e	demi-droit pour *Blasius.*
Solitaire de la Roche Noire (le).	M.	1e	*Guilbert de Pixerécourt.*
Solitaire forcé (le)	V.	3e	*Camel.*
Solitaire (le).	M.	1e	*Crosnier, Saint-Hilaire.*
Solitaire (la), *ou le Morceau d'Ensemble*.	V.	3e	deux tiers pour *Courcy, Merle.*
Sophie et Dithelm.	C.	1e	*Prévost.*
Sophie et Moncars.	O.	1e	*Guy, Gaveaux.*
Sophocle.	O.	1e	demi-droit pour *Morel-Chédeville.*
Sophronie d'Alphonse.	C.	2e	*Delœuvre.*
Sophronie Duguesclin.	M.	1e	*Noël.*
Sophronisme, *ou le Statuaire Grec*. .	M.	2e	*Lamarque.*
Sorcier de circonstance (le).	V.	5e	demi-droit pour *Dubois.*
Sorcière (la).	V.	3e	*Sewrin.*
Sorcière, *ou l'Orphelin Écossais*. . . .	M.	1e	demi-droit pour *Frédéric.*
Soubakoff, *ou la Révolte des Cosaques*.	P.	1e	*Frédéric.*
Soubrette rusée (la).	O.	3e	demi-droit pour *Leblanc.*
Souliers mordorés (les).	O.	2e	*Deferrières, Fridzéry.*
Souper du Chanoine de Milan (le) . . .	C.	5e	*Al. Duval.*
Souper de famille (le).	C.	5e	*Pujoulx.*
Souper de Molière (le).	V.	5e	*Gassicourt.*
Sourde (la) muette.	O.	1e	demi-droit pour *Valmalette.*
Souterrain mystérieux (le).	M.	1e	*Ponet.*
Soutirac, *ou la Cassette mystérieuse*.	C.	4e	*Bosquier.*
Souvenirs de l'Enfance (les). (*voyez* Élise-Hortense.)			
Souvenirs de mon Enfance (les)	O.	3e	demi-droit pour *Porta.*
Spectre du Château (le).	D.	2e	*Boursault.*
Stanislas Leczinski, *ou le Siège de Dantzick*.	M.	1e	*Cuvelier, Boirie.*
Stanislas roi de Pologne.	M.	1e	*Dubois.*
Statira, *ou les Frères ambitieux*. . . .	M.	1e	*Ponet.*
Statue d'Henri IV (la), *ou la Fête du Pont-Neuf.*	V.	5e	un quart du droit pour *Chazet.*
Stéphanie, *ou le Danger des Romans.*	C.	2e	*Dubois.*

Titres des Pièces.	Genres.	Classes.	Auteurs et quotité du droit.
Stratagème diabolique (le)	C.	4e	Boursault.
Stratonice	O.	5e	demi-droit pour *Méhul*.
Strélitz (les), *ou* Pierre-le-Grand	M.	1e	un sixième pour *Quaisain*, *Alex. Piccinni*.
Suicide (le), *ou* le Vieux sergent	M.	2e	*Guilbert de Pixerécourt*.
Suite des Savoyards (la)	O.	5e	demi-droit pour *Pujoulx*.
Suite d'un Bal masqué (la)	C.	3e	Madame *Bawr*.
Suites d'un bienfait (les)	V.	5e	un quart pour *Ménissier*.
Supercherie par amour (la)	O.	1e	demi-droit pour *Jadin*.
Suppléans (les), *ou* les Faux Molets	C.	4e	*Legros*.
Surprises (les), *ou* l'Étourdi en voyage	O.	2e	*Sewrin*, *Kreutzer*.
Surveillance en défaut (la)	O.	3e	demi-droit pour *Darondeau*.
Susceptible par honneur (le)	C.	2e	*Gosse*.
Sybille (la), *ou* la Mort et le Médecin	V.	1e	*Dubois*, *Boirie*, *Léopold*.
Sydonie, *ou* la Famille de Meindorff	M.	1e	*Cuvelier*, *Léopold*.
Sylla	T.	1e	*Jouy*.
Sylla et Glaucus	B. P.	1e	*Blache*.
Syrènes (les), *ou* les Sauvages de la Montagne d'Or	M.	1e	*Augustin Hapdé*.

T.

Titres des Pièces.	Genres.	Classes.	Auteurs et quotité du droit.
Tableau de Phèdre et Hyppolite (le)	V.	3e	demi-droit pour *Rolland*, propriétaire.
Tableau des Sabines (le)	V.	3e	un tiers du droit pour *Jouy*.
Tailleur de J.-J. (le), *ou* les deux Rousseau	C.	4e	deux tiers du droit pr *Simonnin*, *Merle*.
Tambour et le Fifre (le)	O.	5e	demi-droit pour *Sewrin*.
Tamerlan	O.	1e	*Morel-Chédeville*, *Winter*.
Tankmar de Saxe	M.	1e	un sixième du droit pour *Quaisain*.
Tanneur de Lesseville (le)	M.	2e	un sixième du droit pr *Al. Piccinni*.
Tapisserie (la)	C.	3e	*A. Duval*.
Tarif des prix (le), *ou* la Cendrillon des Écoles	V.	3e	*Chazet*, *Dubois*.

Titres des Pièces.	Genres.	Classes.	Auteurs et quotité du droit.
Tasse de glace (la), *ou* la Leçon	O.	3ᵉ	demi-droit pour *Marsollier*.
Tékéli, *ou* le Siége de Mongatz	M.	1ᵉ	*Guilbert de Pixerécourt*.
Télémaque	B.P.	1ᵉ	*Gardel*.
Témoin (le)	V.	3ᵉ	un tiers pour *Saintine*.
Temple de la Mort (le), *ou* Ogier le Danois	M.	1ᵉ	*Cuvelier, Léopold*.
Téniers	V.	3ᵉ	demi-droit pour *Bouilly*.
Tentations (les)	P.	1ᵉ	*Cuvelier*.
Testament (le)	V.	3ᵉ	*Touchard*, propriétaire.
Testament et les Billets doux (le)	O.	3ᵉ	demi-droit pour *Auber*.
Tête-à-tête (le)	V.	3ᵉ	demi-droit pour *Chazet*.
Tête d'Airain (la)	P.	1ᵉ	*Cuvelier*.
Tête de Bronze (la), *ou* le Déserteur Hongrois	M.	1ᵉ	cinq sixièmes du droit pour *Augustin Hapdé*.
Théâtromane (le)	V.	3ᵉ	*Camel*.
Théâtromanie (la)	V.	3ᵉ	*Marty*.
Thémistocle	T.	1ᵉ	*Moline*.
Thémistocle	O.	1ᵉ	demi-droit pour *Morel - Chédeville*.
Théodore l'Auvergnat	O.	2ᵉ	*Eugène Hus, Bruni*.
Théodore, *ou* l'Enfant aimable	V.	3ᵉ	*Levrier de Champ-Rion*.
Thésée	T.	1ᵉ	*Mazoier*.
Thomas Muller, *ou* les Effets de la faveur	V.	3ᵉ	un tiers du droit pour *Chazet*.
Thompson et Garrick, *ou* l'Auteur et l'Acteur	V.	3ᵉ	demi-droit pour *Ourry, Chazet*.
Tiens-bon, tu l'auras	V.	3ᵉ	*Léger*.
Timon d'Athènes	D.	1ᵉ	*Mercier*.
Tippoo-Saïb	T.	1ᵉ	*Jouy*.
Tippoo-Saïb, *ou* la Prise de Seringapatam	M.	1ᵉ	*Dubois*.
Titus, *ou* Savonnette et Toupet	T.B.	3ᵉ	*Charrin*.
Toberne, *ou* le Pêcheur Suédois	O.	2ᵉ	demi-droit pour *Bruni*.
Toison d'or (la)	O.	1ᵉ	demi-droit pour *Desriaux*.
Tombeau de Turenne (le)	M.	1ᵉ	*Bouilly, Cuvelier*.
Tonnelier (le), avec une nouvelle musique	O.	3ᵉ	demi-droit pour *Delrieu*.
Tour (la) de la belle Allemande	M.	1ᵉ	*Augustin Hapdé*.
Tour de Newstadt (la), *ou* Léhéman	O.	1ᵉ	demi-droit pour *Marsollier*.
Tour de Page (le)	O.	3ᵉ	demi-droit pour *de Favières*.
Tour du Sud (la)	M.	1ᵉ	*Rolland* propriétaire, *Leblanc*.
Tout le monde a tort	V.	3ᵉ	demi-droit pour *Jouy*.
Tout pour l'Enseigne	V.	3ᵉ	un quart du droit pour *Merle*.
Traité nul (le)	O.	3ᵉ	*Marsollier, Gaveaux*.

Titres des Pièces.	Genres.	Classes.	Auteurs et quotité du droit.
Transfuge (le).................	M.M.	3ᵉ	*Ponet*, *Ed. Ronsin.*
Travestissemens (les).............	C.	4ᵉ	un tiers du droit pour *Année.*
Trente et Quarante (le), *ou* le Portrait.................	O.	3ᵉ	demi-droit pour *Alex. Duval.*
Trésor supposé (le), *ou* le Danger d'écouter aux portes...........	O.	3ᵉ	demi-droit pour *Méhul.*
Tribunal invisible (le), *ou* le Fils criminel.................	M.	1ᵉ	*Cuvelier*, *Quaisain.*
Trilby, *ou* la Batelière d'Argail.....	V.	3ᵉ	un tiers pour *Courcy.*
Tringolini.................	M.	2ᵉ	*Saint-Hilaire.*
Triomphe (le) d'Alcide à Athènes...	O.	2ᵉ	demi-droit pour *Moline.*
Triomphe de la Folie (le), *ou* les Deux Statues.................	B.P.	3ᵉ	*Gilbert.*
Triomphe de l'Hymen (le)........	B.P.	3ᵉ	*Blache.*
Triomphe de Trajan (le)...........	O.	1ᵉ	*Esménard*, *Persuis.*
Trois Bossus (les)................	C.	2ᵉ	demi-droit pour *Ragueneau.*
Trois Chèvres, (les) *ou* la Nouvelle Rosière......................	C.	2ᵉ	*Guy.*
Trois contre Un, *ou* Ah! que j'étais bête!.................	V.	3ᵉ	demi-droit pour *Chazet.*
Trois Défauts (les), *ou* le Vin, le Jeu et les Femmes................	V.	3ᵉ	demi-droit pour *Chazet.*
Trois Fêtes pour une............	V.	3ᵉ	*Crosnier* (Edmond).
Trois Folies (les).................	V.	3ᵉ	*Favart*, fils.
Trois Frères (les).................	C.	2ᵉ	*Boursault.*
Trois Hussards (les)..............	O.	2ᵉ	un quart du droit pour *de Favières.*
Trois Jupons (les), *ou* les trois Pieds de Nez....................	C.	4ᵉ	*Aude.*
Trois Méprises pour une (les).......	V.	3ᵉ	un tiers pour *Antier.*
Trois Soubrettes (les)............	O.	3ᵉ	un quart du droit pour *Chazet.*
Trois Souhaits (les)...............	V.	3ᵉ	*Dumolard.*
Trois Sultanes (les). (*voyez* Soliman II.)			
Trois Talismans (les).............	M.	1ᵉ	demi-droit pour *Leblanc de Ferrières.*
Trois Trilby (les)...............	C.	4ᵉ	demi-droit pᵗ *Ménissier*, *Er. Renault.*
Trompeur (le) sans le vouloir.....	O.	1ᵉ	trois quarts du droit pᵗ *Vial*, *Bouteiller.*
Trompeur trompé (le)...........	O.	3ᵉ	*Bernard-Valville*, *Gaveaux.*
Trop tôt, *ou* le Projet manqué.....	O.	3ᵉ	trois quarts du droit pour *Bosquier*, *Gaveaux.*
Troqueurs (les)................	O.	3ᵉ	demi-droit pour *Hérold.*
Troqueurs (les)................	B.P.	3ᵉ	*Blache.*
Troubadour (le)................	P.	1ᵉ	*Augustin Hapdé.*
Troubadour Portugais (le)........	M.	1ᵉ	*Théodore*, *Varez*, *Quaisain*, *Renat.*
Toubadours (les)...............	V.	3ᵉ	demi-droit pour *Prévost-d'Iray.*
Troubadours en voyage (les).......	V.	2ᵉ	*Léger*, *Chazet.*

Titres des Pièces.	Genres.	Classes.	Auteurs et quotité du droit
Trufaldin, *ou la Folie Espagnole*	M.	1ᵉ	un sixième du droit pour *Leblanc*.
Tuteur malade (le)	V.	3ᵉ	*Sewrin*.
Tuteur et la Pupille (le), *ou le Retour des captifs d'Alger*	B.P.	1ᵉ	*Blache*
Tuteurs vengés (les)	C.	2ᵉ	*Alex. Duval*.
Tyran corrigé (le), *ou Euphrosine et Coradin*	O.	1ᵉ	demi-droit pour *Méhul*.
Tyran domestique (le)	C.	1ᵉ	*Alex. Duval*.

U.

Titres des Pièces.	Genres.	Classes.	Auteurs et quotité du droit.
ULYSSE	T.	1ᵉ	*P. Lebrun*.
Ulysse	B.P.	1ᵉ	*Milon, Lefebvre*.
Un Dimanche à Passy, *ou le Dîner manqué, ou M. Partout*	V.	3ᵉ	deux tiers du droit pʳ *Chazet* et *Léger*.
Un Dîner à Pantin, *ou l'Amphytrion à la diète*	V.	3ᵉ	un quart pour *Chazet*.
Un et Un font Onze	V.	3ᵉ	demi-droit pour *Hector Chaussier*.
Un Grain de Folie	C.	3ᵉ	*Cuvelier*.
Un Mois après la Noce, *ou le Mariage par intérêt*	V.	3ᵉ	*Ménissier, Er. Renault*.
Un Moment d'humeur	O.	3ᵉ	*Hennequin, Lebrun*.
Un petit Mensonge, *ou Adresse et Argent*	C.	4ᵉ	Mad. *Bawr*.
Un Peu de Méchanceté	C.	4ᵉ	demi-droit pour *Décour*.
Un Quart-d'heure de silence	O.	3ᵉ	trois quarts pour *Guillet, Gaveaux*.

Titres des Pièces.	Genres.	Classes.	Auteurs et quotité du droit.
Un Quart-d'heure d'un Sage	V.	3e	*Léger, Ragueneau.*
Un seul Violon pour tout le monde	V.	3e	un tiers du droit pour *Chazet.*
Un souper de Poëte	V.	3e	*Touchard*, propriétaire.
Un Tour de Carnaval	C.	4e	*Henry.*
Un Tour de Carnaval, *ou la moitié du monde joue l'autre*	C.	2e	*Prévost.*
Un Tour de Colalto	V.	3e	demi-droit pour *Dumolard.*
Un Tour de Garnison	B.P.	1e	*Gilbert.*
Un Tour de Garnison	V.	3e	deux tiers pour *Courcy, Merle.*
Un Tour de jeune homme	C.	4e	*Léger, Chazet.*
Un Tour de Roquelaure	V.	3e	*Augustin Hapdé.*
Un Tour de Soubrette	C.	4e	demi-droit pour *Année.*
Un Trait de bienfaisance	V.	3e	demi-droit pour *Varez.*
Un Trait d'Helvétius	V.	1e	deux tiers du droit pour *Chaussier, Châteauvieux.*
Une Aventure de Plombières	V.	3e	*Touchard*, propriétaire.
Une Aventure de Saint-Foix, *ou le Coup d'épée*	O.	3e	demi-droit pour *Duval, St.-Chamans.*
Une Demi-Heure de Caprice	B.P.	3e	*Gardel.*
Une Espièglerie d'Arlequin	V.	3e	*Defresnoy.*
Une Étourderie	O.	3e	*Vial, Quaisain.*
Une Faute par amour	O.	3e	demi-droit pour *Vial.*
Une Folie	O.	2e	*Bouilly, Méhul.*
Une Heure d'Absence	C.	5e	*Loraux*, aîné.
Une Heure d'Alcibiade	O.	3e	*Dumolard, Taix.*
Une Heure en Angleterre, *ou Soyons Français*	V.	3e	deux tiers du droit pour *Merle, Ourry.*
Une Heure sur la frontière	V.	3e	demi-droit pour *Dubois.*
Une Heure de Prison, *ou la Lettre de recommandation*	V.	2e	deux tiers du droit pour *Sewrin, Merle.*
Une Heure de Vieillesse, *ou A deux de Jeu*	V.	3e	*Ourry.*
Une Journée de Garnison	V.	3e	*Merle, Ourry.*
Une Journée de M. de Sully	C.	4e	*Mercier.*
Une Journée du jeune Néron	C.	3e	*Laya.*
Une Journée de Frédéric II	C.	4e	*Varez.*
Une Matinée d'autrefois	V.	5e	demi-droit pour *Merle.*
Une Matinée de Catinat	O.	3e	demi-droit pour *Marsollier.*
Une Nuit au Château	O.	3e	demi-droit pour *Mengal.*
Une Nuit dans la forêt, *ou Deux mots.*	O.	3e	demi-droit pour *Marsollier.*
Une Nuit de Frédéric II	V.	3e	un tiers du droit pour *de Favières.*
Une Nuit d'été	V.	5e	demi-droit pour *Année.*
Une Nuit d'intrigue	O.	3e	demi-droit pour *Frédéric Kreubé.*
Une Soirée de Carnaval	V.	3e	*Sewrin.*

Titres des Pièces	Genres.	Classes.	Auteurs et quotité du droit.
Une Vengeance de l'Amour.........	P.	3ᵉ	cinq sixièmes pour *Varez*.
Union de Mars et de Flore..........	P.	3ᵉ	*Augustin Hapdé*, *Piccinni*, *Daron-deau*.
Union des Lys (l').............	P. F.	2ᵉ	*Cuvelier*, *Alex. Piccinni*.
Urbino et Juliana................	M.	1ᵉ	un sixième du droit pᵉ *Quaisain*.
Usurpateur puni (l').............	O.	1ᵉ	*J. Piccinni*.
Uthal et Malvina.................	O.	3ᵉ	*St.-Victor*, *Méhul*.
Utilité du Divorce (l')............	C.	2ᵉ	*Prévost*.

V.

Titres des Pièces.	Genres.	Classes.	Auteurs et quotité du droit.
Vaccine (la)...................	V.	3ᵉ	un tiers du droit pour *Ponet*.
Vaccine (la)...................	V.	3ᵉ	demi-droit pour *Ragueneau*.
Vaisseau Amiral (le)............	O.	3ᵉ	*Révérony de St.-Cyr*, *Berton*.
Valentin, *ou le Paysan romanesque*.	O.	1ᵉ	trois quarts du droit pour *Loraux*, *Berton*.
Valentine de Milan............	O.	1ᵉ	*Bouilly*, *Méhul* (ouvrage posthume), *Dausoigne*.
Valentine, *ou la Séduction*........	M.	1ᵉ	*Guilbert de Pixerécourt*.
Valérien...................	M.	1ᵉ	deux tiers pour *Carion-Nisas*, *Boirie*.
Valet à trois Maîtres (le), *ou les deux Fous raisonnables*.........	C.	2ᵉ	*Prévost*.
Valet intrigué (le).............	C.	3ᵉ	*Justin*.
Valet Menteur (le).............	C.	4ᵉ	*Boursault*.
Valets mis à la porte (les).........	V.	3ᵉ	*Marsollier*, *Chazet*.
Valet Ventriloque (le)...........	V.	3ᵉ	demi-droit pour *Merle*.
Vallée de Chamouny (la), *ou le Retour des Savoyards*...........	V.	3ᵉ	deux tiers pour *Merle*, *Sewrin*.
Vallée du torrent (la)...........	M.	1ᵉ	*Frédéric*, *Alex. Piccinni*.
Vallée Suisse (la)...............	O.	1ᵉ	*Sewrin*, *Chazet*, *Herdeliska*.
Vampire (le)....................	M.	1ᵉ	un sixième du droit pour *Piccinni*.

Titres des Pièces.	Genres.	Classes.	Auteurs et quotité du droit.
Vaporeux (le)	C.	3^e	*Marsollier.*
Vaudeville au Caire (le)	V.	3^e	un tiers du droit pour *Jouy.*
Vaudeville qui n'en est pas un (le)	V.	3^e	*Defrénoy.*
Veille des Noces (la)	V.	3^e	demi-droit pour *Justin.*
Vélocifères (les)	V.	3^e	un tiers du droit pour *Chazet.*
Vendange (la)	O.	2^e	demi-droit pour *Quaisain.*
Vendangeurs de Médoc (les)	B.P.	2^e	*Eugène Hus.*
Vendangeurs (les), *ou* les deux Baillis	B.P.	3^e	*Blache.*
Vendangeurs du Rhône (les)	V.	3^e	demi-droit pour *Merle.*
Vengeance inattendue (la)	M.	1^e	*Prévost.*
Vénitiens (les), *ou* Blanche et Montcassin	T.	1^e	*Arnault.*
Vente après Décès (la)	O.	3^e	un tiers pour *Dourlen.*
Vénus et Adonis	B.P.	3^e	*Gardel.*
Vêpres siciliennes (les)	T.	1^e	*Casimir Delavigne.*
Vêpres odéoniennes (les)	P.V.	3^e	deux tiers du droit pour *Chazet, Simonnin.*
Vernon de Kergaleck, *ou* Il est arrivé.	C.	4^e	*Touchard,* propriétaire.
Vert-Vert	O.	2^e	demi-droit pour *Bernard-Valville.*
Vertumne et Pomone	B.P.	3^e	*Gardel.*
Vestale (la)	O.	1^e	*Jouy, Spontini.*
Veuvage de Manon (le)	V.	3^e	moitié pour *Ferdinand Laloue.*
Veuve Américaine (la)	O.	1^e	*Faur, Lebrun.*
Veuve Calas à Paris (la)	C.	4^e	*Poujoulx.*
Veuve du Républicain (la)	C.	4^e	*Lesur.*
Victimes de l'Ambition (les)	C.	1^e	*Prévost.*
Victor, *ou* l'Enfant de la forêt	M.	1^e	*Prévost.*
Victorine, *ou* la Fille guerrière	V.	3^e	*Gramont.*
Victorine et Verville	C.	4^e	*Hennequin.*
Vieillard des Vosges (le), *ou* la Maison isolée	O.	2^e	demi-droit pour *Marsollier.*
Vieillard et ses trois Fils (le)	D.	2^e	*Mercier.*
Vieillesse d'Annette et Lubin (la)	O.	2^e	demi-droit pour *Chapelle.*
Vieillesse d'Annette et Lubin (la)	O.	2^e	demi-droit pour *Jadin.*
Vieillesse de Fontenelle (la)	V.	3^e	demi-droit pour *Dumolard.*
Vieillesse de Piron (la)	V.	3^e	demi-droit pour *Bouilly.*
Vielleuse du Boulevard (la)	M.	1^e	*Hector Chaussier, Quaisain.*
Vieux Château (le), *ou* la Rencontre.	O.	3^e	demi-droit pour *Alex. Duval.*
Vieux Chêne (le)	V.	3^e	*Guilbert de Pixerécourt, Dubois.*
Vieux Cousin (le), *ou* l'Homme sans façons	C.	2^e	*Léger.*
Vieux de la Montagne (le)	M.	1^e	*Cuvelier.*
Vieux Major (le)	V.	3^e	*Guilbert de Pixerécourt, Léger.*

Titres des Pièces.	Genres.	Classes.	Auteurs et quotité du droit.
Vieux Malin (le)................	C.	4ᵉ	Sewrin.
Village Frontière (le)...........	B. P.	1ᵉ	Blache.
Villageois qui cherche son veau (le).	V.	3ᵉ	Sewrin.
Ville et le Village (la), *ou les Parens.*	C.	2ᵉ	Boursault.
Vincent de Paul................	D.	2ᵉ	Dumolard.
Vincent de Paul, *ou l'Illustre Galé-rien*	M.	1ᵉ	Henri Lemaire.
Visite des Mariés (la)............	C.	2ᵉ	Monvel fils.
Visite de Racan (la)............	V.	2ᵉ	Gassicourt.
Vivandière (la)................	V.	3ᵉ	Sewrin.
Vive la Paix..................	V.	3ᵉ	demi-droit pour *Varez.*
Voilà notre Bouquet............	V.	3ᵉ	demi-droit pour *Varez.*
Voilà parti (le), *ou Celui-là n'est pas sorcier*	C.	4ᵉ	Chevalier.
Voisinage (le)	O.	3ᵉ	demi-droit pour *Pujoulx.*
Voisins brouillés (les), *ou les Propos de Village*	V.	3ᵉ	demi-droit pour *Dubois.*
Voitures versées (les)...........	O.	2ᵉ	demi-droit pour *Boieldieu.*
Volage fixé (le)	B. P.	3ᵉ	Duport (Louis).
Vol-au-Vent, *ou le Pâtissier d'Anières*	V.	3ᵉ	demi-droit pour *Ourry* et *Merle.*
Volcan (le), *ou l'Anachorète du Val des Laves*....................	P.	1ᵉ	Cuvelier.
Voltaire aux Champs-Élysées......	V.	3ᵉ	Moline.
Voyageur (le)..................	C.	4ᵉ	Sewrin.
Voyage (le) au Mont Saint-Bernard.	O.	2ᵉ	Révérony de St.-Cyr, Chérubini.
Vraie Bravoure (la)	C.	4ᵉ	demi-droit pour *Alex. Duval.*

W.

Titres des Pièces.	Genres.	Classes.	Auteurs et quotité du droit.
WALTER le Cruel, *ou* la Geolière de Mergentheim..............	P.	1ᵉ	*Cuvelier, Foignet* père.
Washington, *ou* l'Héritière de Pensylvanie.................	M.	1ᵉ	*Daubigny, Quaisain, Renat.*
Werther et Charlotte...........	O.	3ᵉ	demi-droit pour *Kreutzer.*

Z.

Titres des Pièces.	Genres.	Classes.	Auteurs et quotité du droit.
ZADIG, *ou* la Destinée..........	M.	1ᵉ	Mad. *Barthélemi Hadot, Toby.*
Zamet.....................	M.	1ᵉ	*Noël, Leblanc.*
Zélis, *ou* l'Épreuve de l'Amour....	O.	3ᵉ	demi-droit pour *Moline.*
Zélisca, *ou* la Prisonnière indienne.	M.	1ᵉ	*Gougibus, Gérardin.*
Zéloïde, *ou* les Fleurs enchantées..	O.	2ᵉ	demi-droit pour *Lebrun.*
Zéphir et Flore.................	B. P.	3ᵉ	*Blache.*
Zéphir et Flore.................	P.	2ᵉ	*Cuvelier.*
Zirphile et Fleur de Myrte, *ou* Cent ans en un jour.................	O.	2ᵉ	demi-droit pour *Jouy, Lefèvre* (Noël).
Ziste et Zeste.................	V.	3ᵉ	demi-droit pour *Léger.*
Zoé, *ou* la pauvre Petite.........	O.	3ᵉ	demi-droit pour *Bouilly.*
Zoraïde et Zulisca..............	P.	1ᵉ	*Marsollier, Alex. Piccinni.*
Zoraïme et Zulnar..............	O.	1ᵉ	*St.-Just, Boieldieu.*
Zozo, *ou* le Mal avisé...........	C.	4ᵉ	*Guilbert de Pixerécourt.*

FIN.

www.ingramcontent.com/pod-product-compliance
Ingram Content Group UK Ltd.
Pitfield, Milton Keynes, MK11 3LW, UK
UKHW022040170726
13837UKWH00002B/702